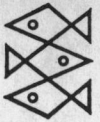

Über dieses Buch   Das vorliegende Bändchen zeigt Leitlinien im Denken Rudolf Steiners auf: daß Denken Handeln ist, ein Tun, das in einem wechselwirkenden Prozeß an der Wirklichkeit sich entfaltet, ein Werden, das dem Individuum in einer steten, sich und die Welt in jeweils gleichem Maße einbeziehenden Erfahrung die Einsicht in die Einheit des Universums vermittelt. Der Mensch selbst wird durch diese anthroposophische Wirklichkeitsbewältigung zu einem selbst-bewußteren Leben geführt.
Die ausführliche Lebenschronik am Ende des Buches läßt das Charisma Rudolf Steiners deutlich werden.

Der Autor   Kurt E. Becker wurde 1950 in Ludwigshafen geboren, studierte Politische Wissenschaften, Psychologie, Pädagogik, Philosophie (M. A.); Mitherausgeber und Autor mehrerer Sammelbände u. a. Rudolf Steiner: Der anthroposophische Weg, Fischer Taschenbuch Nr. 5504, Rudolf Steiner: Praktizierte Anthroposophie, Fischer Taschenbuch Nr. 5534. Der Autor lebt als Publizist in Emmendingen bei Freiburg im Breisgau.

Kurt E. Becker

Anthroposophie –
Revolution von innen

Leitlinien
im Denken Rudolf Steiners
und ihre Bedeutung
für die Gegenwart

Fischer Taschenbuch Verlag

Lektorat: Monika A. Weißenberger

Originalausgabe
Veröffentlicht im Fischer Taschenbuch Verlag GmbH,
Frankfurt am Main, August 1984
© 1984 by Fischer Taschenbuch Verlag GmbH, Frankfurt am Main
Umschlaggestaltung: Jan Buchholz/Reni Hinsch
Gesamtherstellung: Clausen & Bosse, Leck
Printed in Germany
680-ISBN-3-596-23336-4

Inhalt

Eva und Edwin Froböse gewidmet,
denen ich Eindrücke von einem menschlichen Miteinander
danke, wie sie in ihrer geistigen und seelischen Intensität heute
wohl nur noch aus dem positiven Abseits eines Zusammenwir-
kens von Kunst und Anthroposophie in den »Lebensvollzug«
des modernen Menschen hineinvermittelt werden können.

Vorbemerkung

Was ist Anthroposophie?
Waldorf-Pädagogik, Camphill-Bewegung, biologisch-dynamischer Landbau, Eurythmie, – geläufige Schlagworte um heterogene Sachverhalte, allesamt basierend auf der Lehre Rudolf Steiners. Was aber steht hinter den Etiketten? Das vorliegende Bändchen zeigt Leitlinien im Denken Rudolf Steiners: die Idee zum Beispiel, daß Denken Handeln ist, ein Tun, das sich in einem wechselwirkenden Prozeß an der Wirklichkeit entfaltet, ein Werden, das dem Individuum in einer steten, sich und die Welt in jeweils gleichen Maßen einbeziehenden Erfahrung die Einsicht in die Einheit des Universums vermittelt. Und, indem dieser Prozeß des Denkens sich – ausgehend vom Wesenskern des Menschen – durch alle Dimensionen des Seins hindurchentwickelt, erfüllt er die Dinge dieser Welt mit lebendigem Geist – auch die an sich toten Ergebnisse jener äußeren Revolution, die den Menschen in ihren Bann geschlagen hat, der Technik.

Aber auch der Mensch selbst wird durch diese anthroposophische Wirklichkeitsbewältigung zu einem selbst-bewußteren Leben geführt: die außengesteuerte Mechanik des bloßen Lebensvollzugs, das Funktionieren nach den technokratischen Prinzipien der zivilisatorischen Megamaschine wird als prinzipiell lebensfeindlich entlarvt, ein genereller Kurswechsel angestrebt. Die Anthroposophie nimmt die Herausforderung der modernen Welt auf breitester Front ohne Vorbehalte an und erweist sich – indem sie die materiellen Produktionen jeglicher Art genauso wie die Vollzugsschablonen des modernen Daseins an ihren Ursprung, den Geist des Menschen, zurückbindet – als Revolution von innen, an deren Ende die Vergeistigung, und das ist: die Vermenschlichung, des Daseins stehen soll.

Den Anstoß zur Auseinandersetzung mit der Anthroposophie aus diesem Blickwinkel gaben mir zahlreiche positive Reaktionen im Anschluß an ein »Abendstudio« des Südwestfunks, Baden-Baden, das ich unter der kenntnisreichen Obhut

Gerhard Adlers im Frühjahr 1981 gestalten durfte. Auch das vorliegende Bändchen lehnt sich stellenweise an diese frühere Arbeit an.

Damals wie heute möchte ich mein Bemühen um die Anthroposophie Rudolf Steiners mit dem kleinstmöglichen Anspruch versehen, dem des subjektiven Erkenntnisgewinns. Es wäre freilich im Sinn des Autors, wenn auch der Leser von diesem Ansatz profitieren könnte.

Auf ein Überfrachten des Textes mit Fußnoten wird bewußt verzichtet. Offen ausgewiesen und als Anmerkung markiert sind lediglich die Zitate und Hinweise aus der Sekundärliteratur. Daß die Steiner-Texte korrekt wiedergegeben sind, mag der Leser der Redlichkeit des Autors zugutehalten.

Dank sei hier erstattet an meinen Freund und Kollegen Hans-Peter Schreiner, der einen Teil der von ihm für die gemeinsame Edition einer Steiner-Werkausgabe zusammengestellte Lebenschronik Rudolf Steiners zum Abdruck in diesem Bändchen zur Verfügung gestellt hat. Das Werden des Individuums Rudolf Steiner in Daten, Fakten und Zitaten chronologisch vorgestellt zu bekommen, trägt wesentlich zur Vervollständigung dieses Bändchens bei.

Annemarie Kuppler hat den Text auf Manuskript-Papier übertragen sowie das Personenregister vervollständigt – auch ihr gebührt Dank.

Emmendingen, im Februar 1984   KEB

I

Anthroposophie –
Revolution von innen

Was wäre, wenn ...

»Lebensvollzug«: Kaum sonst irgendwo findet die allgemeine Lebensweise dieser Zeit einen angemesseneren Begriff. Das ist die letztendliche Summe jener scheinbar rationalen Reglementierungen, die unser Leben dominieren. Deren Herrschaft empfinden wir in aller Regel nur deswegen nicht als unerträglich, weil wir ihre Gesetzmäßigkeit von Kindesbeinen an zu verinnerlichen, als eigene, unserem Leben notwendig angehörige zu akzeptieren gelernt haben. Das Leben des Einzelwesens wird von diesen Gesetzmäßigkeiten ebenso durchdrungen wie das der Gesellschaft: das Individuum gehorcht rationalen Funktionsprinzipien, die Gesellschaft liefert die für dieses Funktionieren erforderlichen Strukturprinzipien. Und ohne die Aufrechterhaltung dieser Gesetzmäßigkeiten funktioniere gar nichts mehr – suggerieren die Wächter dieser Ordnung. Und sie werden in der Tat recht haben. An einer Ampel bei »Rot« anzufahren, um ein höchst banales Beispiel zu bemühen, kann fatale Konsequenzen nach sich ziehen. Wem wäre dies nicht bewußt? Und weil auch wir folglich von der Notwendigkeit dieser rationalen Reglementierungen überzeugt sind, sogar Bestrafungen bei Übertretung dieser Regeln hinnehmen, bekämpfen wir unseren gelegentlich aufkommenden Unmut ob unseres Lebensvollzugs zum Beispiel durch die narzißtische Inbesitznahme von Waren, wohl wissend, daß auch unser konsumistischer Kaufzwang nur ein Teil jener Mechanismen eines Ordnungssystems ist.

Was wäre, wenn wir aus diesem ursächlichen Verbund von *Ordnungs- und Strafvollzug ist gleich Lebensvollzug* ausbrächen? Nicht, daß wir es wirklich tun, scheint mir wichtig, sondern daß wir einfach einmal darüber nachdenken, was wäre wenn ...

Was wäre, wenn wir diesem immer sinnloser werdenden Vollzugscharakter des modernen Lebens entgegensteuerten? Die Gegensteuerung initiiert durch eine simple Frage, die nach dem Sinn des Lebens. Wenn wir uns auf der Suche nach einer Antwort nicht a priori in die weitgeöffneten Arme der Priester, Pastoren, Prediger jedweder Ideologie, Konfession oder Kirche hineinwerfen, sondern uns bemühen, mit den Mitteln und Möglichkeiten des Geistes den Sinn des Lebens aus unserem individuellen Selbst herauszugestalten, dann bewegen wir uns auf »anthroposophischen« Pfaden. Dieser Überlegung wollen wir nachgehen.

Revolution von außen

Es war der Sozialphilosoph Arnold Gehlen, der auf die Außen-Innenverschränkung des Menschen verwiesen und für unsere heutige Zeit ein Überhandnehmen der Außensteuerung diagnostiziert hatte. Wir alle funktionieren nach einem äußeren, rational gelenkten Lebensrhythmus-Diktat, dessen Machtzentrum ehedem eine reine Überlebensgarantie der menschlichen Art war: nur mit Hilfe seiner Rationalität vermochte sich das »Mängelwesen Mensch« (Johann Gottfried Herder) in der Welt zu behaupten. Wissenschaft und Technik des heutigen Menschen sind im Keim bereits im Überlebens- und Sicherheitsbedürfnis des Urmenschen enthalten. »Der Prozeß der Zivilisation« (Norbert Elias) jedoch, der ja nichts anderes beschreibt, als die kulturgeschichtliche Wirkung des auf Überleben und Sicherheit ausgerichteten menschlichen Geistes, hat im Verlauf der Jahrhunderte eine Eigendynamik gewonnen, deren vorläufiger Kulminationspunkt in der möglichen Selbstvernichtung der menschlichen Art den existentiellen Ausgangspunkt dieses Prozesses in sein genaues Gegenteil verkehrt. Damit erweist sich ein scheinbar evolutionärer Prozeß in seiner letztendlichen Wirkung als revolutionär.

Diese Revolution von außen hat die Daseinsbedingungen des Menschen grundsätzlich verändert. So ist, um das markanteste Exempel herauszugreifen, die physische Existenz des Menschen heute an die paradoxe Bedingung eines zu sichernden Sicherheitsbedürfnisses gebunden. Und eben die Sicherung dieses Sicherheitsbedürfnisses erweist sich als problematisch. Denn das in tausenden von Nuklearsprengköpfen Gorgonengestalt gewordene Sicherheitsrisiko der Supermächte wird verwaltet durch das Risiko Mensch.

Jenes potentiell infernalische Gewaltinstrumentarium gehorcht den Gesetzmäßigkeiten, die sein Vorhandensein ermöglicht haben: es ist prinzipiell berechenbar. Ganz anders dagegen der Mensch. Dessen Unberechenbarkeit, essentielles Spezifikum seiner Art, signalisiert Gefahr. So sind wir heute mit jener paradoxen Situation konfrontiert, daß das Menschliche Auslöser einer potentiellen Vernichtung der Art zu sein vermag. Und – groteskerweise – je berechenbarer diese Revolution von außen diese Welt macht, desto unberechenbarer wird der Mensch, desto größer wird somit die Gefahr für die Menschheit. Die alte Welt der Religionen band den Menschen an einen Gott, das Menschliche fand in einem glaubensgetragenen Kosmos seine Zuordnung in einer metaphysischen Entität. Das Individuum in einer durch die Wissenschaft »entzauberten Welt« (Max Weber) ist demgegenüber auf sich selbst reduziert, letzte Zerspaltungseinheit in einem analytischen Prozeß universalen Zuschnitts. »Gott ist tot« (Friedrich Nietzsche), der Mensch ist folglich sich selbst Ziel seines Wollens. Was die Alten als ethisches Postulat formulierten, ist heute existentielle Realität: Der Mensch ist das Maß aller Dinge. In dieser Reduktion liegen Chance und Gefahr zugleich. Unter Verweis auf diese Gefahr vermag Rudolf Steiners Anthroposophie die Chance zu nutzen.

Im Zentrum des Universums:
das Individuum

Erkenntnismäßige Rückseite jenes an die Ergebnisse naturwissenschaftlichen Forschens gebundenen »Protagoranismus« (Bertrand de Jouvenel) ist die prinzipielle Gleich-Gültigkeit alles Materiellen. Wenn der Mensch das Maß aller Dinge ist, dann erfährt auch alles Materielle eine Wertung in und durch den Menschen. Dies betont auch Rudolf Steiner: »Nichts ist an sich gut von dem, was die moderne Menschheit heute in einem gewissen Übermut und Hochmut als ihre größten Errungenschaften hinstellt. Erst dann wird es gut, wenn es durchgeistigt wird.«

Alle vom Vorhandensein eines Materiellen abhängigen Kulturprodukte des Menschen bedürfen der Rückbindung an den Ort ihres Entstehens, den menschlichen Geist. Dies gilt für den Nuklearsprengkopf der Interkontinentalrakete genauso, wie es für das Stückchen Zucker im Frühstückskaffee oder das Einfamilienhaus am lauschigen Waldrand gilt. Durch die rein subjektive Bewertung wird sogar die sommerliche Mückenplage im Falle des letzteren relativiert und für den Nuklearsprengkopf gilt, was Robert M. Pirsig seinem zum Kultbuch avancierten Erstlingsroman *Zen und die Kunst ein Motorrad zu warten*[1] anvertraut hat: »Flucht vor der Technik, der Haß auf sie, ist selbstzerstörerisch. Die Gottheit wohnt in den Schaltungen eines Digitalrechners oder den Zahnrädern eines Motorradgetriebes ebenso bequem wie auf dem Berggipfel oder im Kelch einer Blüte. Wer das nicht wahrhaben will, erniedrigt Gott und sich selbst.«

Die Dinge müssen durch den Menschen hindurch, sie müssen durchdacht, an den individuellen Geist zurückgebunden sein. Dadurch wird ihre Gleich-Gültigkeit aufgehoben; sie treten dann in eine Wertbeziehung mit dem Menschen und die Summe dieser Wertbeziehungen ordnet die stumme Unendlichkeit eines unfaßbaren, gleichgültigen Universums zu einem sinnvollen Kosmos.

Rudolf Steiners Denken geht ganz auf in diesem »Geistesgang des Abendlandes« (Friedrich Hiebel). Ergebnis dieses

Nach-Denkens unabänderlichen Erkenntnisstrebens ist das individuelle Selbst als Nucleus des Universums und Ausgangspunkt eines durch den Menschen hindurchgehenden subjektiven Entwurfs der Welt: Anthroposophie.

Diese Anthroposophie ist zunächst perspektivisch eingeschränkt als prognostische Situationsanalyse der menschlichen Lebensbedingung im 20. Jahrhundert zu verstehen. Rund sechzig Jahre vor Erich Fromms *Anatomie der menschlichen Destruktivität*[2] verweist Rudolf Steiner die Zuhörer seines Vortrags über »Charakteristische Seiten neuzeitlicher Geschichtssymptome« auf den nekrophilen Charakter der modernen Technik, jener bedeutsamsten Umsetzung naturwissenschaftlichen Denkens in materielle Realität: »Dann aber schafft die moderne Menschheit in die soziale Ordnung hinein Ergebnisse der Experimentierkunde als Technik: Totes. Und das ist das Wesentliche: Totes schaffen wir hinein in die Kolonisationsbestrebungen, Totes schaffen wir hinein, wenn wir für die Industrie unsere Maschinen bauen. Aber nicht nur dann, sondern wenn wir unsere Arbeiter in einer gewissen sozialen Ordnung zu diesen Maschinen hinzubringen. Totes schaffen wir hinein in unsere neuere geschichtliche Ordnung, indem wir unsere Finanzwirtschaft über kleinere oder größere Territorien ausbilden. Totes schaffen wir hinein, wenn wir eine soziale Ordnung überhaupt nach dem Muster der modernen Naturwissenschaft aufbauen wollen, wie es instinktiv die moderne Menschheit getan hat. Totes schaffen wir überall hinein in das menschliche Zusammenleben, wenn wir Naturwissenschaft hineinschaffen in dieses menschliche Zusammenleben, Totes, sich selbst Ertötendes.«

Wenig später fragt Steiner seine Zuhörerschaft: »Wenn moderne Technik Keim des Todes nur ist, ... warum trat diese moderne Technik in Erscheinung?«

Dies scheint in der Tat eine jener Kardinalfragen zu sein, die den heutigen Menschen bewegen. Die Revolution von außen – eine Revolution des Toten? Erich Fromm macht den Zusammenhang deutlich: »Der Wahlspruch der Falangisten ›Lang lebe der Tod‹ droht zum geheimen Prinzip einer Gesellschaft zu werden, in der der Sieg der Maschine über die Natur den Inbegriff des Fortschritts auszumachen scheint und in der der lebendige Mensch zum Anhängsel der Maschine wird.«[3]

Der Mensch als Anhängsel der Maschine, dies wäre die totale Außensteuerung alles Menschlichen. Auch Rudolf Steiner weist darauf hin: »In keiner Kultur haben die Menschen jemals so im Äußerlichen gelebt wie gerade in unserer.«

Eine Gegensteuerung ist erforderlich, damit der Mensch sein Gleichgewicht zurückgewinnt, »der Verlust der Mitte« (Hans Sedlmayr) ausgeglichen werden kann. Rudolf Steiners Anthroposophie wirkt gegensteuernd in eben diesem Sinn als Revolution von innen, bewertet dabei die real existierenden Fakten in aller Sachlichkeit. Mehr noch: als Selbstverständlichkeit auf dem Weg zum Gleichgewicht und gar als Notwendigkeit für eine Weiterentwicklung des Menschen. Goethes Steigerungsgedanke findet sich in Rudolf Steiners Überlegungen ebenso wieder, wie sie Erich Fromms *Revolution der Hoffnung*[4] vorwegnehmen. Letztendlich bestätigt wird Steiner durch die bereits angeführte These Arnold Gehlens von der Außen-Innenverschränkung des Menschen: »Die Verschränkung oder Vermischung dessen, was von innen, und dessen, was von außen kommt, geht beim Menschen unendlich tief und wohl bis in den Kern der Substanz.«[5]

Diese vermutete Außen-Innenverschränkung des Menschen liegt auch Rudolf Steiners Überlegungen zugrunde: das Innen des Menschen und das Außen der vom Menschen geschaffenen kultürlichen Welt bedingen einander wechselwirkend. Mit dem Anwachsen der Erkenntnis des einen wächst auch die Erkenntnis des anderen. Konkret auf die Situation des Menschen bezogen bedeutet dies: (die moderne Technik) »trat in Erscheinung gerade wegen ihres zum Tode führenden Charakters, weil nur dann, wenn der Mensch hineingestellt ist in eine tote, mechanische Kultur, er durch den Gegenschlag die Bewußtseinsseele entwickeln kann. Solange der Mensch hineingestellt war in ein Zusammenleben mit der Natur, ohne daß die Maschinen hineingestellt waren, solange wurde er geneigt gemacht zu einer gewissen suggestiven Behandlung, weil er bis zu einem gewissen Grade betäubt wurde. Man konnte nicht ganz auf sich selbst sich stellen, als man noch nicht in den Tod hineingestellt war. Auf sich selbst gestelltes Bewußtsein und Todbringendes ist innig miteinander verwandt.«

Das Heraustreten des Menschen aus dem Kreislauf des natürlichen Lebens war erforderlich zur Entwicklung des Individuums. An diesen Prozeß gebunden sind die von Marx als »Entfremdung« markierten Phänomene, die auf der Ebene menschlichen Erkennens nichts anderes repräsentierten, als die im Abendland durchgängige Spaltung in erkennende Subjekte und erkannte Objekte. Mit der – durch diese Spaltung vollzogenen – Zertrümmerung der mittelalterlichen Einheit der Welt geht das Heraufkommen der dem Tode geneigten kultürlichen Objektwelt ebenso einher, wie die Chance zu einem neuen Monismus auf anderer, höherer Ebene. Eine neue monistische Sicht der Welt ist abhängig von der Fähigkeit zur Bannung jener Dämonen einer äußeren Revolution. Die Chance dazu liegt im Individuum. Und im Individuum liegt auch die Chance zur ebenfalls notwendigen Versöhnung mit den Geistern einer natürlichen Welt, die der fortschrittsgläubige Mensch seit der Renaissance überwunden zu haben glaubte. Nicht zuletzt dies ist der Sinn der »Religion« in der Vorstellung der Anthroposophie. Rudolf Steiner analysiert den komplexen Sachverhalt folgendermaßen: »Dadurch steht der heutige Mensch höher als der Urmensch, weil er einen scharfen durchdringenden Verstand besitzt; aber er empfindet nicht mehr den lebendigen Zusammenhang mit den göttlich wirkenden Tao-Kräften der Welt. Dadurch hat er die Welt, wie sie sich in seiner Seele offenbart, und auf der andern Seite die Verstandeskräfte. Der Atlantier hat die Bilder gefühlt, die in ihm lebten. Der heutige Mensch hört und sieht die äußere Welt. Diese zwei Dinge, Äußeres und Inneres, stehen einander gegenüber, und er fühlt nicht mehr, wie ein Band von dem einen zu dem andern hinübergeht. Das ist der große Sinn der Entwickelung der Menschheit. Seitdem die Ländermassen wieder aufgestiegen sind, nachdem die Fluten der Ozeane die Kontinente überschwemmt hatten, seit jener Zeit sehnt sich die Menschheit, das Band wieder zu finden zwischen dem, was sie im Innern empfindet und wahrnimmt, und dem, was sich draußen in der Sinneswelt darbietet. Daher hat das Wort religare = Religion seine Berechtigung. Es heißt nichts anderes, als das, was einst verbunden war und jetzt getrennt ist, wieder zu verbinden, Welt und Ich wieder zu verbinden.«

Mit dem Annehmen dieses »religare« eignet sich Rudolf Steiners Anthroposophie außer dem Begriff auch den Gegenstandsbereich aller Religion und Theologie an, weil der mit der Weiterentwicklung des Menschen verbundenen Harmonisierung alles Bestehenden im Verständnis der Anthroposophie eine übersinnliche Qualität zukommt. Nichts anderes als die Fähigkeit zur Erlangung übersinnlicher Erkenntnisse meint Steiner nämlich, wenn er von der »inneren Entwicklung des Menschen« spricht. Mit dieser Forderung nimmt die Anthroposophie sich selbst zutiefst beim Wort. Steiners Entwurf der Welt beschränkt sich nicht nur auf das sinnlich Wahrnehmbare, er ordnet das Universum synchronisch wie diachronisch vom Besonderen zum Allgemeinen, vom Offensichtlichen bis hin zum Geheimnisvollsten. Ganz bewußt sucht Steiner mit dieser Sinndurchdringung physischer wie metaphysischer Welten die Konfrontation mit der institutionalisierten Religion: »Es ist doch wahrlich sonderbar, daß die Pfarrer jeden Tag die Geheimnisse derjenigen Welt enthüllen dürfen, über die der vorurteilslose Denker sorgsames Schweigen sich auferlegen soll. Je feiger die Philosophie ist, desto kühner ist die Theologie.«

Freilich: Steiner spricht, schreibt, denkt, arbeitet und lebt weder mit dem Anspruch des Theologen, noch mit dem des Philosophen – sein Selbstverständnis ist das des Wissenschaftlers.

Weisheit vom Menschen

Die Antwort auf die Frage, was der Mensch sei, was er wissen kann, tun soll, hoffen darf, ist immer Kern jeder Weltanschauung und Philosophie. Wieviel mehr muß dies für eine Lehre gelten, die die »Menschenweisheit« ihr eigen nennt. Um den Menschen herum werden die Gedanken aller Philosophie gesponnen, und jede Theorie ist letztlich perspektivisch in irgendeiner Art und Weise auf den Menschen bezogen. Dies gilt auch für jedwede Art von Erkenntnis – sei sie nun als Produkt oder als Prozeß zu verstehen. Mit eben der Erkenntnis wollen wir uns nun beschäftigen. Mit dem der Anthroposophie eigenen *Erkenntnisweg*. Mit der Frage somit, *wie* die Anthroposophie ihr Bild vom Menschen gewinnt. Über dieses »Wie« im Sinne der Anthroposophie schreibt Rudolf Steiner: »Anthroposophische Geisteswissenschaft beruht darauf, daß anerkannt wird, wie hinter der sinnlich-physischen Welt und mit dieser innig verwoben eine geistig-übersinnliche steht, aber auch darauf, daß der Mensch in der Lage ist, durch Entwickelung gewisser Erkenntniskräfte zu einer Einsicht zu kommen in diese mit der Sinneswelt verwobene übersinnliche Welt.«

Die Antwort auf das »Wie« anthroposophischer Erkenntnis ist: geisteswissenschaftlich. Die Betonung liegt hier auf der Geist-Orientierung dieser Wissenschaft, und es ist zu fragen, inwiefern sich dieses Wissenschaftsverständnis von andern unterscheidet. Das Steiner-Zitat eröffnet bereits einige Verständnis-Perspektiven. Es ist die Rede von einer »sinnlich-physischen Welt« und einer »geistig-übersinnlichen«. Diese Charakterisierung zweier Welten dient Rudolf Steiner auch als Grundlage für seine Definition faktisch vorhandener Wissenschaftsverständnisse. Oder, präziser gesagt, mit der Apostrophierung zweier Welten sind in der herrschenden Wissenschaftslehre auch zweierlei Wissenschaftsinhalte festgeschrieben. Steiner unterscheidet zwischen »Naturwissenschaft«, die sich mit der sinnlich-physischen Welt auseinanderzusetzen habe, und seiner »Geisteswissenschaft«, deren Sujet das Geistig-Übersinnliche sei. Zum Verhältnis beider

Wissenschaften zueinander sagt Steiner: »Mit der naturwissenschaftlichen Tatsachenforschung stehen die Ergebnisse der Geisteswissenschaft nirgends in Widerspruch. Überall, wo man *unbefangen* auf das Verhältnis der beiden hinsieht, zeigt sich vielmehr für unsere Zeit etwas ganz anderes. Es stellt sich heraus, daß diese Tatsachenforschung hinsteuert zu dem Ziele, das sie in gar nicht zu ferner Zeit in volle Harmonie bringen wird mit dem, was die Geistesforschung aus ihren übersinnlichen Quellen für gewisse Gebiete feststellen muß.«

Ohne uns auf eine Grundsatzdiskussion einzulassen, wollen wir vielleicht doch wenigstens am Rande fragen, wie die andere Seite, die naturwissenschaftlich orientierte Forschung, dieses Verhältnis und damit auch Rudolf Steiner selbst beurteilt. Rudolf Steiners Doktorvater, Heinrich von Stein, der als Philosoph nicht in den Ruch kommen kann, einem dogmatischen Wissenschaftsbegriff zu huldigen, scheint bei der Beurteilung der Steinerschen Dissertation ein in wissenschaftlichen Kreisen auch noch heute gültiges Urteil bezüglich der Methode abgegeben zu haben. Rudolf Steiner berichtet darüber selbst in aller Offenheit. Heinrich von Stein soll ihm gesagt haben: »Ihre Dissertation ist nicht so, wie man sie fordert, man sieht ihr an, daß Sie sie nicht unter der Anleitung eines Professors gemacht haben; aber was sie enthält, macht möglich, daß ich sie gerne annehme.«

Der Titel dieser Dissertation lautet: »Die Grundfrage der Erkenntnistheorie mit besonderer Rücksicht auf Fichtes Wissenschaftslehre. Prolegemona zur Verständigung des philosophierenden Bewußtseins mit sich selbst.« Die Dissertation wurde 1891 an der Philosophischen Fakultät der Universität Rostock eingereicht und angenommen und enthält eigentlich die Einleitung zu Rudolf Steiners Geisteswissenschaft. Sie war in ihrer Thematik richtungsweisend für Steiners Denken, denn mit nichts anderem als dem menschlichen Bewußtsein und seinen Erkenntnismöglichkeiten setzt sich die Anthroposophie in der ihr spezifisch eigenen Art und Weise auseinander. Methodisch, im streng wissenschaftlichen Sinn, war diese Dissertation jedoch nicht einwandfrei. Und noch heute klingt diese Kritik von der anderen Seite durch. In einem gängigen Lexikon der Philosophie[6] wird Rudolf Steiner zwar genannt, aber nicht, wie alle anderen darin aufgeführten Denker, als »Philosoph«. Über Steiner steht dort knapp und kurz zu lesen: »Steiner, Rudolf, philosophischer Schriftsteller.« Es folgen seine Lebensdaten, ein Querverweis auf die Anthroposophie, der, nebenbei bemerkt, ebenfalls nur ein kurzer Abschnitt gewidmet ist, und einige seiner Schriften. Wichtig ist jedoch die Bezeichnung »Schriftsteller«, die eine deutliche Abwertung des dadurch Charakterisierten im Kontext zutage treten läßt. In dieses Bild paßt auch die Tatsache, daß die Anthroposophie an den Universitäten offiziell nicht vertreten ist. Dies ist sicherlich mit einer jener Gründe, die den Ausschlag gaben für die Gründung der ersten deutschen Privatuniversität in Witten/Herdecke durch anthroposophisch inspirierte Hochschullehrer. Aber die Anthroposophie hat noch unter Anleitung Steiners auch ihre eigene Hochschule für Geisteswissenschaften in Dornach, Schweiz, eingerichtet. Deren Zentrum: das »Goetheanum«. Johannes Hemleben erklärt diesen Namen folgendermaßen: »Durch die Wahl dieses Namens für den Bau wurde noch einmal vor aller Welt bekundet, wie sehr Rudolf Steiner seine Anthroposophie mit Goethes Wesen und Werk verbunden wissen wollte.«[7]

Hier ist ein erklärender Hinweis auf Steiners Verhältnis zu Goethe unumgänglich. Bereits in sehr jungen Jahren wurde Rudolf Steiner durch Protektion in einen Kreis von Gelehrten hineinempfohlen, der unter Leitung von Joseph Kürschner Goethes Werk in der »Deutschen Nationalliteratur« herausgab. Steiner fiel die Aufgabe zu, die botanischen und zoologischen Schriften Goethes zu kommentieren. Der Steiner-Biograph bemerkt dazu: »Wenn man heute diese erste größere Arbeit Steiners zur Hand nimmt, drängt sich geradezu das Wort ›Jugendgenialität‹ auf. Es ist schier unverständlich, wie ein so blutjunger Mensch, dem der Bildungsgang an der Technischen Hochschule die ersten Grundlagen der modernen Naturwissenschaft vermitteln konnte, hier sich der ihm gestellten Aufgabe gewachsen zeigt. Ein besserer, das heißt verständnisvollerer Kommentar für die botanischen und zoologischen Schriften Goethes ist bis heute nicht geschrieben.«[8]

Dieser Meinung Hemlebens ist kaum widersprochen worden. Und dennoch wurde die enge Liaison Steiners mit dem – wenn auch universalen, aber eben doch – *Dichter*-Genie Goethe zu Steiners Ungunsten interpretiert. Auch Goethe hatte ja lebenslang darum gerungen, als Wissenschaftler anerkannt zu werden. Die Anerkennung blieb ihm jedoch weitgehend versagt. Von Steiner weiß man nur, daß es nie zu einer geplanten Habilitation gekommen ist. Auch Steiners enge Anlehnung an Goethe verweist folglich auf den Bereich wissenschaftlicher Methodenkritik. Aber daraus allein läßt sich die rigorose Ablehnung Steinerscher Ideen von seiten der Wissenschaft und Philosophie nicht erklären. Die Methode ist sicher nicht der einzige Grund für diese Ablehnung. Der Begriff »Methode« ist ja ein hinweisender Begriff; die Methode verweist auf die Ziele, die Gegenstände, mit denen sich eine Wissenschaft – und mit dem Anspruch einer Geisteswissenschaft somit auch die Anthroposophie – auseinandersetzt. Einige Titel der Schriften Rudolf Steiners veranschaulichen diese Gegenstände. Berücksichtigt werden hier nur die Veröffentlichungen nach 1900:

– »Die Mystik im Aufgang des neuzeitlichen Geisteslebens und ihr Verhältnis zur modernen Weltanschauung.«
– »Das Christentum als mystische Tatsache und die Mysterien des Altertums.«
– »Wie Karma wirkt.«
– »Theosophie. Einführung in übersinnliche Welterkenntnis und Menschenbestimmung.«
– »Wie erlangt man Erkenntnisse der höheren Welten?«
– »Aus der Akasha-Chronik.«
– »Die Geheimwissenschaft im Umriß.«

Diese Werke zeigen: es sind Wege *und* Ziele der Anthroposophie, denen das nüchterne – Steiner sagt: materialistische – Wissenschaftsverständnis mit Befremden gegenübersteht, gegenüberstehen muß. Gerade die *Theosophie* aus dem Jahre 1904 macht diese Skepsis deutlich. Wenn sich Steiner auch schon bald von dem abgrenzte, was durch Helena Petrowna Blavatsky und Annie Besant in sektiererischen Zirkeln als »Theosophie« verbreitet worden war, blieb der Makel dennoch haften. Rudolf Steiner hatte vor der Theosophischen Gesellschaft Vorträge gehalten und schließlich hatte er sogar eben dieses Buch geschrieben mit dem Titel *Theosophie*. Vor allem Steiners eigene Lehre, die Anthroposophie, war dadurch mit einem religiös-sektiererischen Beiklang belegt. Auch der Literatenkreis »die Kommenden« um den Dichter Ludwig Jacobowski, mit dem Steiner freundschaftlich verbunden war, förderte nicht den wissenschaftlichen Ruf der Lehre. Zudem geht die Verwendung des Begriffs »Anthroposophie« durch Steiner auf einen Vortrags-Zyklus bei den »Kommenden« zurück. Bis zum April 1903 hielt Steiner vor diesem Literatenkreis siebenundzwanzig Vorträge unter dem Titel: »Von Zarathustra bis Nietzsche. Entwicklungsgeschichte der Menschheit an Hand der Weltanschauungen von den ältesten orientalischen Zeiten bis zur Gegenwart, oder: *Anthroposophie*.«

Enthielt Steiners Dissertation den methodischen Einstieg der Anthroposophie in ein spezifisches Wirklichkeitsverständnis, so umschreibt der Titel dieser Vorträge das Programm der Lehre Steiners. Ein programmatischer Ansatz, dessen Anspruch von einer Wissenschaft im herkömmlichen Sinn nicht einzulösen war und deswegen auch mit dem Beiklang der Maßlosigkeit versehen worden wäre – hätte ein Wissenschaftler diesen Anspruch erhoben. Aber hier sprach ja ein Geisteswissenschaftler, der den Gang der Welt von einem einzigen Punkt aus dachte – eben dem anthroposophischen. Und die abendländische Geistesentwicklung war zu Ende des vorigen Jahrhunderts »reif« für genau diese anthroposophisch-theosophische Sicht der Welt. Philosophen aller Provenienze griffen zum ersten Mal die bis dahin kaum kritisierte Fortschrittsgläubigkeit von Wissenschaft und Technik im Einzugsbereich westlicher Industriezivilisation an. Die Denker der Jahrhundertwende, Steiner eingeschlossen, waren ja bereits Epigonen der großen Kulturkritiker, allen voran Marx und Nietzsche. Nietzsche hatte Steiner ja noch persönlich gesehen und dessen Einfluß auf sein eigenes Denken ist wahrscheinlich nachhaltiger als es seine Schrift *Friedrich Nietzsche, ein Kämpfer gegen seine Zeit* ausweist.

Rudolf Steiner war sich der Gefahren der technologischen Zivilisation wohl bewußt. Und er drang vor allem darauf, daß die Wissenschaft ihre Absolutsetzung rationaler Intellektualität aufgeben müsse. Das Aufgeben dieser Absolutsetzung war der Preis, den die Menschen für die Erlangung eines höheren Bewußtseins zu zahlen haben würden. Steiners Geisteswissenschaft versteht sich als Pionier dieses Bemühens: »Es kommt nicht darauf an, die Lehren der Geisteswissenschaft verstandesmäßig zu beherrschen, sondern Gefühl, Empfindung, ja das ganze Leben mit ihnen zu durchdringen. Nur durch eine solche Durchdringung erfährt man auch etwas von ihrem Wahrheitswert. Sonst bleiben sie doch nur etwas, was man glauben und auch nicht glauben kann. Richtig verstanden, werden die geisteswissenschaftlichen Wahrheiten dem Menschen eine wahre Lebenserfahrung geben, ihn seinen Wert, seine Würde und Wesenheit erkennen lassen, den höchsten Daseinsmut geben.«

Damit kommt Steiner dem sehr nahe, was heute mit »neuer Innerlichkeit« oder »alternativem Wertgefühl« umschrieben wird. Geradezu symptomatisch ist in diesem Zusammenhang, daß die »neue französische Philosophie« für das Ende dieses Jahrhunderts eine neue religiöse Bewegung prophezeit.

Die Anthroposophie – eine typische Erscheinung der Jahrhundertwende? In ihrer Phänomenologie allgemeingültig für jede Wendezeit? Sicherlich nicht. Dann schon eher die Reaktion auf die abendländische Rationalitätsverabsolutierung, eine Alternative also. Die Revolution von innen. Aber woher kommt der Anspruch, eine Wissenschaft zu sein? Hier müssen wir uns zunächst Rudolf Steiners teilweise berechtigter Kritik am wissenschaftlichen Selbstverständnis zuwenden: »Es ist alles, was heute theoretische Wissenschaft ist, ein phantastisches Gebilde, das dadurch entstanden ist, daß man die äußeren Tatsachen nach dem äußeren *Schein* kombiniert.«

An anderer Stelle entlarvt Steiner die Wissenschaft als bloße Meinung, als Glaube: »Diese *Meinung* stellt sich als nichts anderes dar denn als ein *Glaube*, den sich viele aus ihrem am Sinnlich-Wirklichen haftenden Glaubensbedürfnis heraus gebildet haben und den sie *neben* die Tatsachen hinstellen. Dieser Glaube hat etwas stark Blendendes für den Gegenwartsmenschen. Er verführt zu einer inneren Intoleranz ganz besonderer Art. Die ihm anhängen, verblenden sich dahin, daß sie ihre eigene Meinung nur für allein »wissenschaftlich« ansehen und die Anschauung anderer als nur aus Vorurteil und Aberglauben entspringen lassen.«

Steiner wendet sich in scharfer Form gegen die Alleinvertretungsansprüche von Lehrmeinungen, die Überzeugung mancher Wissenschaftler, einzig im Besitz der Wahrheit zu sein. Steiner hält dagegen: »Wer sich fest nur auf seinen eigenen Standpunkt stellt, dann die Standpunkte miteinander vergleicht und sagt, nur den oder den könne er gelten lassen, der ist in bezug auf die philosophische Erkenntnis nicht auf einem anderen Standpunkt als auf dem eines Briefmarkensammlers. Nicht einmal der höchststehende Erkenner hat die höchste Stufe der Einsicht erklommen.«

Diese Kritik wissenschaftlichen Forschens bezieht sich naturgemäß auf die Praxis der Jahrhundertwende und die ersten Jahre des 20. Jahrhunderts. Ihre zeitbezogene Berechtigung steht außer Frage. Heute jedoch wird kein ernstzunehmender Wissenschaftler etwa die Relativität seiner Erkenntnisse bestreiten, im Gegenteil. Die Relativität aller Forschungsergebnisse gehört zur Definition von Wissenschaft wie das Salz zur

Suppe. Diese bewußte Beschränkung des Erkenntnisanspruchs gilt auch in den fakultativen Geisteswissenschaften der Universitäten, mit denen Steiners Geisteswissenschaft heute lediglich noch den Begriff teilt – jedenfalls in puncto der von ihm selbst als *esoterisch* bezeichneten Gegenstandsbereiche.

Außerdem: jede strenge Wissenschaft definiert sich heute in erster Linie von der Methode her, von der Art des Erkenntnisgewinns.

Demgegenüber sagt Rudolf Steiner selbst über seine Arbeit des Erkennens: »Erkenntnis wird von der Anthroposophie als etwas angenommen, was sich nicht unmittelbar aus einer Betrachtung der menschlichen Wesenheit und ihrer Beziehung zur Außenwelt ergibt. Sie glaubt, aufgrund sicherer Tatsachen des Seelenlebens behaupten zu dürfen, daß Erkenntnis nichts Fertiges, Abgeschlossenes, sondern etwas Fließendes, Entwicklungsfähiges ist. Sie glaubt hinweisen zu dürfen darauf, daß es hinter dem Umkreis des normal-bewußten Seelenlebens ein anderes gibt, in welches der Mensch eindringen kann. Und es ist notwendig zu betonen, daß mit diesem Seelenleben nicht dasjenige gemeint ist, was man gegenwärtig als »Unterbewußtsein« zu bezeichnen gewohnt ist ... Mit jener Seelenverfassung, von welcher hier gesprochen werden soll, hat es nichts zu tun. Innerhalb *dieser* lebt der Mensch gerade so bewußt, sich logisch kontrollierend, wie er im Horizonte des gewöhnlichen Bewußtseins lebt. Nur muß diese Seelenverfassung erst durch bestimmte Seelenübungen, Seelenerlebnisse hergestellt werden. Sie kann nicht als ein gegebenes Faktum der menschlichen Wesenheit vorausgesetzt werden. In dieser Seelenverfassung tritt etwas auf, was als eine Fortentwicklung des menschlichen Seelenlebens bezeichnet werden darf, ohne daß bei dieser Fortentwicklung die Selbstkontrolle auf die anderen Kennzeichen des bewußten Seelenlebens aufhören.«

Anthroposophie – eine fortschreitende, im Werden befindliche Gesamterklärung der Welt vom Seelenleben des einzelnen bis zum Geisterlebnis des Universums und des einzelnen Menschen in ihm. Ihr Anspruch der Wissenschaftlichkeit ist mit solchen Vorgaben nicht aufrechtzuerhalten. Steiner bemüht denn auch den Terminus »Geheimwissenschaft«, der ein »Eingeweihtsein« auf seiten seiner Praktikanten voraussetzt. Dieser Status ist indes für jeden Menschen erreichbar: »Den Weg zur Geheimwissenschaft kann jeder Mensch in dem für ihn geeigneten Zeitpunkte finden, der das Vorhandensein eines Verborgenen aus dem Offenbaren heraus erkannt oder auch nur vermutet oder ahnt, und welcher aus dem Bewußtsein heraus, daß die Erkenntniskräfte entwicklungsfähig seien, zu dem Gefühl getrieben wird, daß das Verborgene sich ihm enthüllen könne.«

Vergangenes und Zukünftiges werden gegenwärtig im Denken Rudolf Steiners. Alle Geschichte wird in seine »geheimwissenschaftliche« Erklärung einbezogen. Der Charakter dieser Geheimwissenschaft enthüllt sich am deutlichsten in Steiners »geheimnisvollster« Schrift: *Aus der Akasha-Chronik*: »Aber alles, was in der Zeit entsteht, hat seinen Ursprung im Ewigen. Nur ist das Ewige der sinnlichen Wahrnehmung nicht zugänglich. Aber dem Menschen sind die Wege offen zur Wahrnehmung des Ewigen. Er kann die in ihm schlummernden Kräfte so ausbilden, daß er dieses Ewige zu erkennen vermag ... Erweitert der Mensch auf diese Art sein Erkenntnisvermögen, dann ist er behufs Erkenntnis der Vergangenheit nicht mehr auf die äußeren Zeugnisse angewiesen. Dann vermag er zu *schauen*, was an den Ereignissen nicht sinnlich wahrnehmbar ist, was keine Zeit von ihnen zerstören kann. Von der vergänglichen Geschichte dringt er zu einer unvergänglichen vor. Diese Geschichte ist allerdings mit anderen Buchstaben geschrieben als die gewöhnliche. Sie wird in der Gnosis, in der Theosophie die ›Akasha-Chronik‹ genannt.«

Der esoterische Charakter dieser Erkenntnisbereiche der Anthroposophie wird offenbar, wenn wir uns die Kapitelüberschriften der »Akasha-Chronik« anschauen:

– Unsere atlantischen Vorfahren.
– Übergang der vierten in die fünfte Wurzelrasse.
– Die lemurische Rasse.
– Die Trennung der Geschlechter.
– Die letzten Zeiten vor der Geschlechtertrennung.
– Die hyperboräische und die polarische Epoche.
– Anfang unserer gegenwärtigen Erde. Austritt aus der Sonne.
– Austritt des Mondes.
– Von der Herkunft der Erde.
– Die Erde und ihre Zukunft.
– Das Leben des Saturn.
– Das Leben auf dem Monde.
– Das Leben der Erde.
– Der viergliedrige Erdenmensch.

Diese Kapitelüberschriften enthalten einen meditativ von einem einzelnen Menschen erschlossenen Entwurf der Welt, dessen Nachvollziehbarkeit an Bedingungen gebunden sind, die sich wissenschaftlichem Zugriff entziehen. Nehmen wir Rudolf Steiner beim Wort, so beansprucht seine Anthroposophie sogar, in ganz andere Zusammenhänge Einsicht zu haben: »Diejenigen, welche heute Götter sind, waren einmal Menschen, und der Mensch wird in der Zukunft sich zu göttlicher Natur hinaufentwickeln. Der Mensch ist ein werdender Gott und die Götter sind nichts anderes als vervollkommnete Menschen. Das ist die Grundlage aller Geheimwissenschaft, wie man sie nennt.«

Im Sinne seines Entwurfs erweist sich Steiner als absolut konsequent. Der individuelle Mensch ist der Mittelpunkt des Universums; er ist die kleinste Ordnungseinheit eines geistdurchdrungenen Kosmos und gleichzeitig Potenz der höchsten. Solche »Grundlage«, die überdies nur die oberste Spitze anthroposophischen Gegenstandsbereichs markiert, sprengt allerdings tatsächlich den üblichen Erkenntnisrahmen wissenschaftlichen Forschens. Bereits das Wort »Anthroposophie« weist ja jenen Weg, den Rudolf Steiner einzuschlagen beabsichtigte – »sophia«, die Weisheit. Als »Weisheitslehre vom Menschen« wollen wir denn auch die Anthroposophie für die Zwecke dieser Untersuchung begreifen. Ob die »Anthroposophie«, dem Anspruch Rudolf Steiners gemäß, als »Wissenschaft« zu verstehen ist, soll dagegen ganz dem subjektiven Urteil des Lesers überlassen bleiben – im Sinn dieser Untersuchung ist die Beantwortung dieser Frage von gänzlich untergeordneter Bedeutung. Das schließt nicht aus, daß wir uns nicht noch einmal grundsätzlicher um den anthroposophischen Erkenntnisansatz bemühen wollen. Rudolf Steiners philosophische Grundlegung der Anthroposophie ist zentrales Thema des folgenden Kapitels.

Die Einheit der Welt

Rudolf Steiners philosophischer Kerngedanke läßt sich auf einen Begriff reduzieren: Monismus. Rudolf Steiner hatte ein eigenes Verständnis von dem, was er »Monismus« nannte. Mit der »Monistischen Bewegung« um den Physiker Wilhelm Ostwald und den Biologen Ernst Haeckel, die den »dynamisch-energetischen Materialismus«, jenen aus dem »Materialismusstreit« hervorgehenden Gegenentwurf gegen den überkommenen »mechanistischen Materialismus«, durch Charles Darwins Evolutionstheorie bereichert hatten, hatte Rudolf Steiner nichts gemeinsam. Im Gegenteil. Wenn von Marx die Rede gilt, er habe Hegels Lehre vom Kopf auf die Füße gestellt, so kann für Steiner ohne weiteres reklamiert werden, er habe den Monisten ihren verlorengegangenen Verstand zurückgegeben.

Diese Abgrenzung Steiners gegenüber den materialistisch ausgerichteten Monisten ist jedoch nicht Thema unserer Darstellung der philosophischen Leitlinien im Denken Rudolf Steiners. Diese Abgrenzung ist schon deswegen von lediglich zeitgebundenem Interesse, weil der »Deutsche Monistenbund«, dessen Ehrenvorsitzender Ernst Haeckel gewesen war, heutzutage keinerlei Bedeutung mehr hat. Das eigentliche Gegenstück zu Rudolf Steiners »Monismus«-Verständnis bildet der spätestens seit Plato im abendländischen Denken verhaftete »Dualismus«, der vom Nebeneinanderbestehen zweier nicht zur Einheit überführbaren Größen ausgeht. Die Welt der Ideen existiert im Sinne dieses Dualismus ebenso neben der Welt der Wirklichkeit (Plato), wie der Geist neben der Materie, die Seele neben dem Leib. Der Monismus verficht demgegenüber die Anschauung, wonach die Welt als Ganzheit von einer einheitlichen Grundbeschaffenheit sei. Inwieweit ist die Steinersche Anthroposophie also monistisch?

Zunächst: der Monismus-Begriff ist eine Erklärungshilfe für das Wesentliche der Anthroposophie. Die Einheit der Welt ist in der Anthroposophie kein Prinzip wie die »Materie« in der Lehre Haeckels oder der »Geist« bei den Idealisten. Die monistische Einheit liegt im Denken der Menschen begründet. Nicht als Ergebnis, sondern als Prozeß, als Tätigkeit, als Werden. Mit dem Fortschreiten seiner Erkenntnisfähigkeit findet jeder einzelne Mensch zunehmend Eingang in seine nur ihm eigene Identität mit dem Universum. Die Einheit der Welt erweist sich als Potenz des menschlichen Geistes, die durch und im Denken des Individuums zur Entfaltung gelangt. In der höchsten Ausprägung dieser Einheit, für den Menschen erfahrbar als besondere Form des Denkens über das Denken, erfährt der Mensch sich selbst und den Kosmos in einem. Er erlebt sich als Subjekt und Objekt gleichermaßen, sein Erkenntnisstandpunkt ist *ganzheitlich*. Steiners monistische Erklärung menschlichen Denkens lautet folgendermaßen: »Daß wir in der Wirklichkeit leben (mit unserer realen Existenz in derselben wurzeln), wird selbst der orthodoxeste subjektive Idealist nicht leugnen. Er wird nur bestreiten, daß wir ideell mit unserem Erkennen auch das erreichen, was wir real durchleben. Demgegenüber zeigt der Monismus, daß das Denken weder subjektiv, noch objektiv, sondern ein beide Seiten der Wirklichkeit umspannendes Prinzip ist. Wenn wir denkend beobachten, vollziehen wir einen Prozeß, der selbst in die Reihe des wirklichen Geschehens gehört. Wir überwinden durch das Denken innerhalb der Erfahrung selbst die Einseitigkeit des bloßen Wahrnehmens. Wir können durch abstrakte, begriffliche Hypothesen (durch rein begriffliches Nachdenken) das Wesen des Wirklichen erklügeln, aber wir *leben*, indem wir zu den Wahrnehmungen die Ideen finden, in dem Wirklichen. Der Monismus sucht zu der Erfahrung kein Unerfahrbares (Jenseitiges), sondern sieht in Begriff und Wahrnehmung das Wirkliche. Er spinnt aus bloßen abstrakten Begriffen keine Metaphysik, weil er in dem Begriffe an sich nur die *eine* Seite der Wirklichkeit sieht, die dem Wahrnehmen verborgen bleibt und nur im Zusammenhang mit der Wahrnehmung einen Sinn hat. Er ruft aber in dem Menschen eine Überzeugung hervor, daß er in der Welt der Wirklichkeit lebt und nicht außerhalb seiner Welt eine unerlebbare höhere Wirklichkeit zu suchen hat. Er hält davon ab, das Absolut-Wirkliche anderswo als in der Erfahrung zu suchen, weil er den Inhalt der Erfahrung selbst als das Wirkliche erkennt. Und er ist befriedigt durch diese Wirklichkeit, weil er weiß, daß das Denken die Kraft hat, sie zu verbürgen.«

Diese Charakteristik monistischer Erkenntnislehre wollen wir in ihren Grundlagen skizzieren, indem wir einige zentrale Positionen Rudolf Steiners in seiner Auseinandersetzung mit der Philosophie Immanuel Kants in Zitaten zur Darstellung bringen. An Kants dualistisch angelegter Erkenntnistheorie, die nichts anderes ist als eine Erörterung und Festschreibung menschlichen Erkenntnisvermögens, hatte sich Rudolf Steiners philosophische Grundlegung der Anthroposophie entzündet. Diese Auseinandersetzung mit Kant kehrt in Rudolf Steiners Denken fast überall dort wieder, wo er seine Anthroposophie von der gängigen dualistischen Erkenntnistheorie absetzt. Die folgende Darlegung des Problems beschränkt sich auf ein Aufzeigen der Kerngedanken, wie Rudolf Steiner sie in seinem prägnanten Aufsatz »Einheitliche Naturanschauung und Erkenntnisgrenzen« entfaltet hat. Steiner beginnt mit einer grundsätzlichen Kritik der Philosophie seiner Zeit: »Die Ansichten über den Wert und die Fruchtbarkeit der Philosophie haben innerhalb unserer Nation in der jüngsten Zeit eine tiefgehende Veränderung erfahren. Während zu Anfang des Jahrhunderts Fichte, Schelling und Hegel mit kühnem Denkermute an der Lösung der Welträtsel arbeiteten und das menschliche Erkenntnisvermögen fähig hielten, in die tiefsten Geheimnisse des Daseins einzudringen, vermeidet man es heute, auf die zentralen Probleme der Wissenschaften einzugehen, denn man ist überzeugt, daß die Beantwortung der letzten und höchsten Fragen dem menschlichen Geiste unmöglich ist. Das Vertrauen in das Denken ist uns verlorengegangen. Die Mutlosigkeit auf philosophischem Gebiete wird immer allgemeiner.«

»Ein deutlicher Beweis für die Entmutigung auf philosophischem Gebiete« ist Steiner »die Entstehung einer Unzahl von Schriften über Erkenntnistheorie«: Niemand wage es heute, seine Erkenntnis bei der Erforschung des Weltgeschehens anzuwenden, bevor er nicht ängstlich geprüft habe, ob das Instrument zu einem solchen Beginnen auch tauglich sei. Die Erkenntnistheoretiker, fährt Steiner fort, seien fast ausnahmslos zu der Ansicht gekommen, daß der unüberschreitbaren Erkenntnisgrenzen wegen menschliches Erkennen gar nicht zum Grund der Dinge vordringen könne. In dieser auf der Kantschen Erkenntnistheorie basierenden Bescheidung der Philosophie seiner Zeit meint Steiner den grundlegendsten Irrtum des Denkens gefunden zu haben. Die Begründung seiner kritischen Würdigung der Philosophie seiner Zeit leitet Steiner mit einer knappen Zusammenfassung der »Kantschen Grundanschauungen« ein: »Ein Ding kann von uns nur wahrgenommen werden, wenn es auf uns einen Eindruck macht, eine Wirkung ausübt. Dann ist es aber immer nur diese Wirkung, die wir wahrnehmen, niemals das ›Ding an sich‹. Von dem letzteren können wir uns keinerlei Begriff machen. Die Wirkungen der Dinge auf uns sind nun unsere Vorstellungen. Was uns von der Welt bekannt ist, sind also nicht die Dinge, sondern unsere Vorstellungen von den Dingen. Die uns gegebene Welt ist nicht eine Welt des Seins, sondern eine Vorstellungs- und Erscheinungswelt. Die Gesetze, nach denen die Einzelheiten dieser Vorstellungswelt verknüpft sind, können dann natürlich auch nicht die Gesetze der ›Dinge an sich‹ sein, sondern jene unseres subjektiven Organismus. Was für uns Erscheinung werden soll, muß sich den Gesetzen unseres Subjekts fügen. Die Dinge können uns nur so erscheinen, wie es unserer Natur gemäß ist. Der Welt, die uns erscheint – und diese allein kennen wir –, schreiben wir selbst die Gesetze vor.«

Daß Steiner am Begriff zu arbeiten versteht, macht diese Skizze ebenso deutlich wie die Tatsache, daß er weiß, wen und was er kritisiert; auch sein Vermögen, komplizierte Zusammenhänge auf ihren Grundgehalt reduzieren zu können, wird deutlich. Die folgende Erörterung Kantschen Denkens im Rahmen seiner philosophiegeschichtlichen Bedingungen erhärtet dieses Urteil. Das Ergebnis dieser Erörterung läßt sich folgendermaßen zusammenfassen: »Kant setzt also unserem Erkenntnisvermögen unübersteigliche Schranken. Von dem ›An-sich der Dinge‹ können wir nichts wissen.«

»Die ganze Haltlosigkeit Kantschen Gedankengebäudes« versucht Steiner nun durch einen Vergleich mit dem zu verdeutlichen, »was die unmittelbare und unbefangene Beobachtung ergibt«. Steiner argumentiert folgendermaßen: »Kant denkt sich unsere Erfahrungserkenntnis aus zwei Faktoren zustande gekommen: aus den Eindrücken, welche die Dinge außer uns auf unsere Sinnlichkeit machen, und aus den Formen, in denen unsere Sinnlichkeit und unser Verstand diese Eindrücke anordnen. Die ersteren sind *subjektiv*, denn ich nehme nicht das Ding wahr, sondern nur die Art und Weise, wie meine Sinnlichkeit davon affiziert wird. Mein Organismus erleidet eine Veränderung, wenn von außen etwas einwirkt. Diese Veränderung, also ein Zustand meines Selbst, meine Empfindung ist es, was mir gegeben ist. Im Akte des Auffassens nun ordnet unsere Sinnlichkeit diese Empfindungen räumlich und zeitlich, der Verstand wieder das Räumliche und Zeitliche nach Begriffen. Auch diese Gliederung der Empfindungen, der zweite Faktor unseres Erkennens, ist somit ganz und gar subjektiv. – Diese Theorie ist weiter nichts als eine willkürliche Gedankenkonstruktion, die vor der Beobachtung nicht standhalten kann. Legen wir uns einmal zuerst die Frage vor: Tritt irgendwo für uns eine einzelne Empfindung auf, einzeln für sich und abgesondert von anderen Elementen der Erfahrung? – Blicken wir auf den Inhalt der uns gegebenen Welt. Er ist eine kontinuierliche Ganzheit. Wenn wir unsere Aufmerksamkeit auf irgendeinen Punkt unseres Erfahrungsgebietes richten, so finden wir, daß sich ringsherum anderes anschließt. Ein Abgesondertes, für sich allein Bestehendes gibt es hier nirgends. Eine Empfindung schließt sich an die andere. Wir können sie nur *künstlich* herausheben aus unserer Erfahrung; in Wahrheit ist sie mit dem Ganzen der uns gegebenen Wirklichkeit verbunden. Hier liegt ein Fehler, den Kant gemacht hat. Er hatte eine ganz falsche Vorstellung von der Beschaffenheit unserer Erfahrung. Die letztere besteht nicht, wie er glaubt, aus unendlich vielen Mosaiksteinchen, aus denen wir durch rein subjektive Vorgänge ein Ganzes machen, sondern sie ist uns als eine Einheit gegeben: eine Wahrnehmung geht in die andere ohne bestimmte Grenze über. Wollen wir eine Einzelheit für sich abgesondert betrachten, dann müssen wir sie erst künstlich aus dem Zusammenhange herausheben, in dem sie sich befindet. Nirgends ist uns zum Beispiel die Einzelempfindung des *Rot* als solche gegeben; allseitig ist sie von anderen Qualitäten umgeben, zu denen sie gehört und ohne die sie nicht bestehen könnte. Wir müssen von allem übrigen absehen und unsere Aufmerksamkeit auf die *eine* Wahrnehmung richten, wenn wir sie in ihrer Vereinzelung betrachten wollen. Wir sind so organisiert, daß wir die Welt nicht als Ganzes, als eine einzige Wahrnehmung auffassen können. Das Rechts und Links, das Oben und Unten, das Rot neben dem Grün in meinem Gesichtsfelde sind in Wirklichkeit in ununterbrochener Verbindung und gegenseitiger Zusammengehörigkeit. Wir können den Blick aber nur nach *einer* Richtung wenden und das in der Natur Verbundene nur getrennt wahrnehmen. Unser Auge kann immer nur einzelne Farben aus einem vielgliedrigen Farbenganzen wahrnehmen, unser Verstand einzelne Begriffsglieder aus einem in sich zusammenhängenden Ideengebäude. Die Absonderung einer Einzelempfindung aus dem Weltzusammenhange ist somit ein subjektiver Akt, bedingt durch die eigentümliche Einrichtung unseres Geistes. Wir müssen die einheitliche Welt in Einzelempfindungen auflösen, wenn wir sie betrachten wollen.

Wir müssen uns aber darüber klar sein, daß diese unendliche Vielheit und Vereinzelung in Wahrheit gar nicht besteht, daß sie ohne alle objektive Bedeutung für die Wirklichkeit selbst ist. Wir schaffen ein zunächst von der Wirklichkeit abweichendes Bild derselben, weil uns die Organe fehlen, sie in ihrer ureigenen Gestalt in *einem* Akte aufzufassen. Aber das Trennen ist nur der eine Teil unseres Erkenntnisprozesses. Wir sind beständig damit beschäftigt, jede Einzelwahrnehmung, die an uns herantritt, einer Gesamtvorstellung einzuverleiben, die wir uns von der Welt machen.«

Die zunächst notwendig stattfindende Trennung, die Zerlegung der wahrgenommenen Wirklichkeit, ist für Rudolf Steiner lediglich eine Folge der menschlichen Organisation, deren sinnliches Gebundensein eine ganzheitliche Wahrnehmung ausschließen muß. Die Ganzheit wird dagegen erst im Denken wirklich: »Daß an einer bestimmten Stelle des Raumes gerade die Wahrnehmung des *Rot* auftrete, ist von den mannigfaltigsten Umständen bewirkt. Wenn ich nun das Rot wahrnehme, ohne gleichzeitig auf diese Umstände meine Aufmerksamkeit zu richten, so bleibt es mir unverständlich, woher das Rot kommt. Erst wenn ich andere Wahrnehmungen, und zwar die jener Umstände gemacht habe, an die sich jene Wahrnehmung des Rot notwendig anschließt, dann verstehe ich die Sache. Jede Wahrnehmung weist mich also über sich selbst hinaus, weil sie aus sich selbst nicht zu erklären ist. Ich verbinde deswegen die durch meine Organisation aus dem Weltganzen abgesonderten Einzelheiten gemäß ihrer eigenen Natur zu einem Ganzen. In diesem zweiten Akte wird somit das wiederhergestellt, was in dem ersten zerstört wurde, die Einheit des Objektiven tritt wieder in ihr Recht gegenüber der subjektiv bedingten Vielheit.«

Die Doppelnatur des Menschen macht die Umwege bei der gedanklichen Erfahrung der Ganzheit erforderlich. Als sinnliches Wesen ist der Mensch an Raum und Zeit gebunden, seine Wahrnehmung ist auf Einzelaspekte aus dem scheinbar unendlichen Chaos des Weltgeschehens beschränkt. Erst als vernünftiges Wesen ist der Mensch imstande, sich die Welt als kosmische Ganzheit zu denken. Der Geist des Menschen macht das Universum zu einer endlichen, geordneten Größe, die genauso real ist, wie das Denken des Menschen real ist. Und für die Zuordnung des Besonderen zum Allgemeinen in dieser ganzheitlichen Sicht des Kosmos gilt: »Ein Ding erklären, verständlich machen heißt nichts anderes, als es wieder in den Zusammenhang hineinsetzen, aus dem es unsere Organisation herausgerissen hat. Ein Ding, das an sich vom Weltganzen abgetrennt ist, gibt es nicht. Alle Sonderung hat bloß eine subjektive Geltung für uns. Für uns legt sich das Weltganze auseinander in: Oben und Unten, Vor und Nach, Ursache und Wirkung, Gegenstand und Vorstellung, Stoff und Kraft, Objekt und Subjekt und so weiter. Alle diese Gegensätze sind aber nur möglich, wenn uns das Ganze, an dem sie auftreten, als Wirklichkeit gegenübertritt.« Diese gedankliche Erfahrung des Ganzen als Wirklichkeit ist Steiner »Monismus«.

Eine Philosophie der Freiheit

Das Denken der Menschen – kleinster Baustein der Einheit der Welt und damit monistische Bedingung jedweder Ganzheit im Sinne der Anthroposophie. Mit diesen Überlegungen haben wir uns jener Schrift Steiners zugewandt, die gänzlich mit dem Monismus-Verständnis arbeitet, und von der Johannes Hemleben sagt: »Sie enthält in reiner Gedanklichkeit im Prinzip schon alles, was Rudolf Steiner später inhaltlich als *Anthroposophie* entwickelt hat.«[9] Friedrich Hiebel nennt diese Schrift »Rudolf Steiners philosophisches Hauptwerk«.[10] Und Rudolf Steiner hat in vertrautem Freundeskreis wiederholt gesagt, es sei das Buch in seinem Schaffen, von dem er wünsche, daß es im Katastrophenfall übrigbleibe.

Die Rede ist von *Die Philosophie der Freiheit*. Diese 1893 entstandene Schrift schert in ihren Frageansätzen aus der Tradition abendländischen Denkens nicht aus. Im Gegenteil. Rudolf Steiner schreibt selbst in der »Vorrede zur Neuausgabe von 1918«: »Was in dem Buche gesagt ist, kann auch für manchen Menschen annehmbar sein, der aus irgendwelchen ihm geltenden Gründen mit meinen geisteswissenschaftlichen Forschungen nichts zu tun haben will.«

Der Aufbau des Werkes unterstreicht seinen philosophischen Charakter. Getragen wird es wesentlich durch zwei Teile. Der eine läßt sich konventionell am einfachsten mit »Erkenntnistheorie« umschreiben. Der andere kann – angelehnt an die klassische Terminologie – als »Ethik« bezeichnet werden. Die Anlehnung an Begriffe und Probleme der »konventionellen« Philosophie erleichtert den Zugang zu den Antworten der Anthroposophie. Deren Antworten werden nun in einem – im weitesten Sinn – sozialphilosophischen Kontext erörtert. Dieser wird wesentlich im zweiten Teil der »Philosophie der Freiheit« abgehandelt. Dies bedeutet nicht, daß die unter dem Monismus-Begriff bereits im vorangegangenen Kapitel perspektivisch skizzierte »Erkenntnistheorie« vernachlässigt wird. Eines greift ins andere in der anthroposophischen Lehre, und der ethische Mensch ist nicht denkbar ohne den erkennenden.

Auch die esoterisch religiösen Fragebereiche, die in der wissenschaftlich-methodologischen Skizze behandelt wurde, müssen diese Gedanken stützen, wenn nun die anthroposophische Antwort auf die Frage gesucht wird: wie lebt der Mensch unter Menschen? Welches sind die Bestimmungsbedingungen der Anthroposophie für das Sozialwesen Mensch? Woran orientiert sich menschliches Handeln?

Diesem Fragenkomplex wird mit zwei alternierenden Begriffspaaren zu Leibe gerückt: »Individuum und Staat« und »Freiheit und Sittlichkeit«[11]. Beide Begriffspaare haben in jeder Philosophie und in jeder Weltanschauung ein bestimmtes Bild vom Menschen als ruhenden Punkt. Und das Verhältnis der Begriffe unter- und zueinander verdeutlicht die Details dieses Menschenbildes. Am Ende dieser Betrachtung könnte deutlich werden, wie sich der Mensch unter seinen Mitmenschen verhält, wie er mit ihnen umgeht, an welchen Wertvorstellungen er sich orientiert.

Zu der Frage nach dem Verhältnis von Individuum und Staat in der Anthroposophie stellt Steiner entschieden fest: »... die Staatsgesetze sind sämtlich aus Intuitionen freier Geister entsprungen, ebenso wie alle anderen objektiven Sittlichkeitsgesetze. Kein Gesetz wird durch Familienautorität ausgeübt, das nicht einmal von einem Ahnherrn als solches intuitiv erfaßt und festgesetzt worden wäre; auch die konventionellen Gesetze der Sittlichkeit werden von bestimmten Menschen zuerst aufgestellt; und die Staatsgesetze entstehen stets im Kopfe eines Staatsmannes.«

Diese Rückführung staatlicher Legitimität auf ein staatsgründendes Individuum, die Loslösung ihrer Entstehung von einer gottgewollten Ordnung, wie sie die »klassische« Staatslehre verbürgt, stellt – die Richtigkeit der Theorie einmal völlig außer acht lassend – eine Fortsetzung der Aufklärungsphilosophie kritischster Prägung dar. Und mit psychoanalytisch therapeutischem Akzent nimmt Steiner jene Kritik an Staat, Gesellschaft und Institutionen vorweg, die die Studentenbewegung der ausklingenden Sechziger Jahre geformt hat. Steiner fährt fort: »Diese Geister haben die Gesetze über die anderen Menschen gesetzt, und unfrei wird nur der, welcher diesen Ursprung vergißt, und sie entweder zu außermenschlichen Geboten, zu objektiven vom Menschlichen unabhängigen sittlichen Pflichtbegriffen oder zur befehlenden Stimme seines eigenen falsch mystisch zwingend gedachten Innern macht.«

Was anderes wäre mit diesem Satz umschrieben als die Theoreme von der »repressiven Gesellschaft« und der »autoritären Persönlichkeit«? Niedergeschrieben allerdings anno 1893. Und nicht 1968. Steiner – ein Vorfahr der »rebellischen« Studentenbewegung, die das Ende der vorletzten Dekade in Atem hielt? Steiners späterer Einfluß auf die alternative Szene wird im biodynamischen Landbau belegt. (Auch den Einzug der »Grünen« in den baden-württembergischen Landtag haben Abkömmliche der Anthroposophie weltanschaulich und damit richtungsweisend beeinflußt.) Hier gibt es sicherlich Langzeit-Effekte der Lehre Rudolf Steiners, die auch die soziale Landschaft der Gegenwart nachhaltig beeinflussen. Aber deswegen war Steiner sicherlich kein Prophet einer gewaltsamen Revolution. Auch die genannten Wirkungen vollziehen sich weitgehend still und leise. In einem früheren Beitrag zur Lehre Rudolf Steiners heißt es: »Die Rückführung staatlicher Legitimität auf einen ... individuellen Ursprung wird verbunden mit einer grundsätzlichen Infragestellung verinnerlichter Normen, letztere zu verstehen als »Über-Ich« im Sinn Freudscher Terminologie, und führt zur möglichen Veränderung der bestehenden Ordnung, wenn diese als unzureichend erkannt wird, oder zur Identifikation mit eben den etablierten Normen, wenn diese als berechtigt empfunden werden. Entscheidend für Steiner ist das Durchdenken des Vorgegebenen, die Umwälzung des Bestehenden, der Austausch mit dem Wirklichen als geistiger Prozeß. Die Konsequenz, wie auch immer sie praktisch oder theoretisch aussehen mag, muß Folge des Denkens sein.«[12]

Der freie Mensch ist der, der »die Gründe seines Wollens selbst zu bestimmen« imstande ist. Die Selbstbestimmung der Beweggründe eines Wollenden muß folglich derjenige außer Kraft setzen, der einem anderen die Freiheit rauben möchte. Unfreiheit wäre also als Fesselung, bzw. als gewaltsame Beeinflussung der Beweggründe eines individuell Wollenden zu verstehen. Deutlich ausgeprägt findet Steiner diese »Gehirnwäsche«* in der Institution gewordenen Religion: »Erst wenn sie meinen Geist knechten und mir meine Beweggründe aus dem Kopfe jagen und an deren Stelle die ihrigen setzen wollen, dann beabsichtigen sie meine Unfreiheit. Die Kirche wendet sich daher nicht bloß gegen das *Tun*, sondern namentlich gegen die *unreinen Gedanken*, das ist: die Beweggründe meines Han-

* Begriff des Autors

delns. Unfrei macht sie mich, wenn ihr alle Beweggründe, die sie nicht angibt, als unrein erscheinen. Eine Kirche oder eine andere Gemeinschaft erzeugt dann Unfreiheit, wenn ihre Priester oder Lehrer sich zu Gewissensgebietern machen, das ist, wenn die Gläubigen sich von ihnen (aus dem Beichtstuhle) die Beweggründe ihres Handelns holen *müssen*.«

Was damit auf den Punkt gebracht wird, ist der Extrakt einer auf das Individuum Mensch zugeschnittenen Lehre, die den Staat ebenso wie die Kirche, ja, jede organisierte Vielheit von Menschen gegenüber dem einzelnen als nachrangig beurteilt. Steiner setzt die Akzente seiner – im weitesten Sinn – politisch sozialen Philosophie klar. Und grenzt sich damit gegen die Staatsvergottung deutscher Philosophie seit und im Anschluß an Hegel ebenso ab, wie gegen die dogmatische Sittlichkeitsverabsolutierung kirchlicher Tugendwächter. Steiner steht in einem ganz anderen Lager. Dem aristokratischen Individualismus Friedrich Nietzsches ist er näher als einem Totalitarismus, welcher Provenienz dieser auch immer sein mag. Rudolf Steiner selbst hält in *Die Philosophie der Freiheit* nachdrücklich fest: »Der Staat, die Gesellschaft sind nur da, weil sie sich als notwendige Folge des Individuallebens ergeben. Daß dann der Staat und die Gesellschaft wieder zurückwirken auf das Individualleben, ist ebenso begreiflich, wie der Umstand, daß das Stoßen, das durch die Hörner da ist, wieder zurückwirkt auf die weitere Entwicklung der Hörner des Stieres, die bei längerem Nichtgebrauch verkümmern würden. Ebenso müßte das Individuum verkümmern, wenn es außerhalb der menschlichen Gemeinschaft ein abgesondertes Dasein führte. Darum bildet sich ja gerade die gesellschaftliche Ordnung, um im günstigsten Sinne wieder zurück auf das Individuum zu wirken.«

In diesen Sätzen wird auch deutlich: Steiner leugnet nicht die Notwendigkeit der Existenz von Staat, Gesellschaft und Institutionen. Beide haben einen festen Stellenwert im menschlichen Leben und prägen entscheidend, in fest umrissenen, angebbaren Phasen jedes Individuum in seinen Prozeß des Werdens. Nicht zuletzt die *Waldorfpädagogik* macht sich diese Erkenntnisse zunutze. Auch dort das Ineinandergreifen von Phasen der Führung und zunehmend wachsener Selbständigkeit. Steiner selbst beschreibt das Werden des menschlichen Individuums in einprägsamen Bildern: »Es ist in dem Wahrnehmungsobjekt Mensch die Möglichkeit gegeben, sich umzubilden, wie im Pflanzenkeim die Möglichkeit liegt, zur ganzen Pflanze zu werden. Die Pflanze wird sich umbilden wegen der objektiven, in ihr liegenden Gesetzmäßigkeit; der Mensch bleibt in seinem unvollendeten Zustande, wenn er nicht den Umbildungsstoff in sich selbst aufgreift und sich durch eigene Kraft umbildet. Die Natur macht aus dem Menschen bloß ein Naturwesen; die Gesellschaft ein gesetzmäßig handelndes; ein *freies* Wesen kann er nur *selbst* aus sich machen. Die Natur läßt den Menschen in einem gewissen Stadium seiner Entwickelung aus ihren Fesseln los; die Gesellschaft führt diese Entwickelung bis zu einem weiteren Punkte; den letzten Schliff kann nur der Mensch sich selbst geben.«

Jener »letzte Schliff« ist für jedes Individuum verpflichtend, Lebensaufgabe; Individuum ist nur der Mensch, der auch diese letzte Prägung erfahren hat. Worin diese sich äußert? In Denken und Fühlen. Das Denken ist die Essenz des Menschen als Menschen und folglich Thema der Anthroposophie als Geisteswissenschaft. Das Fühlen ist die Essenz des Menschen als Individuum und folglich Thema der Anthroposophie als praktischer Pädagogik.

Mit dieser Charakterisierung des Individuums und seiner Eigenschaften, Wesenseigentümlichkeiten und spezifischen Merkmalen ist unsere Erörterung an einem zentralen Punkt angelangt. Dazu einige grundlegende Überlegungen Steiners zum Verhältnis von Denken und Fühlen. Denn erst Denken und Fühlen zusammen ergeben jenes Gefüge, das den Menschen zu einem ethischen Wesen, einem *animal sociale* macht. Steiner schreibt: »Das *Denken* ist das Element, durch das wir das allgemeine Geschehen des Kosmos mitmachen; das *Fühlen* das, wodurch wir uns in die Enge des eigenen Wesens zurückziehen können. Unser Denken verbindet uns mit der Welt; unser Fühlen führt uns in uns selbst zurück, macht uns erst zum Individuum. Wären wir bloß denkende und wahrnehmende Wesen, so müßte unser Leben in unterschiedsloser Gleichgültigkeit dahinfließen. Wenn wir uns bloß als Selbst *erkennen* könnten, so wären wir uns vollständig gleichgültig. Erst dadurch, daß wir mit der Selbsterkenntnis das Selbstgefühl, mit der Wahrnehmung der Dinge Lust und Schmerz empfinden, leben wir als individuelle Wesen, deren Dasein nicht mit dem Begriffsverhältnis erschöpft ist, in dem sie zu der übrigen Welt stehen, sondern die noch einen besonderen Wert für sich haben.«

Denken und Fühlen sind dem Menschen spezifisch eigen; in ihnen und durch sie wird das Menschsein begründet. Sie sind

Abgrenzung und Identitätsziel in einem. In ihnen und an ihnen als Teil der Außenwelt macht der Mensch die Erfahrung seiner Individualität: »Unser Leben ist ein fortwährendes Hin- und Herpendeln zwischen dem Mitleben des allgemeinen Weltgeschehens und unserem individuellen Sein. Je weiter wir hinaufsteigen in die allgemeine Natur des Denkens, wo uns das Individuelle zuletzt nur als Beispiel, als Exemplar des Begriffs interessiert, desto mehr verliert sich in uns der Charakter des besonderen Wesens, der ganz bestimmten einzelnen Persönlichkeit. Je weiter wir herabsteigen in die Tiefen des Eigenlebens und unsere Gefühle mitklingen lassen mit den Erfahrungen der Außenwelt, desto mehr sondern wir uns ab von dem universellen Sein. Eine wahrhafte Individualität wird derjenige sein, der am weitesten hinaufreicht mit seinen Gefühlen in die Region des Ideellen.«

Diese Vorstellung wahrhaftiger, höchster, idealer Individualität wird bei Rudolf Steiner begleitet von einer tiefen Einsicht in das, was diese und somit jede Individualität maßgebend beeinflußt. Ihr Werden, Wachsen und Reifen vorzeichnet die nur ihr eigene perspektivisch gebundene Weltsicht: »Jedermann hat ja einen eigenen Standort, von dem aus er die Welt betrachtet. An seine Wahrnehmungen schließen sich seine Begriffe an. Er wird auf seine besondere Art die allgemeinen Begriffe denken. Diese besondere Bestimmtheit ist ein Ergebnis unseres Standortes in der Welt, der an unseren Lebensplatz sich anschließenden Wahrnehmungssphäre.«

Wann immer sich also ein Mensch einem anderen Menschen zuwendet, gilt es, sich der Individualität, und das ist der Einmaligkeit des vom jeweils anderen repräsentierten Standpunktes in der Welt zu vergewissern: »Wer das einzelne Individuum verstehen will, muß bis in dessen besondere Wesenheit dringen, und nicht bei typischen Eigentümlichkeiten stehen bleiben. In diesem Sinne ist jeder einzelne Mensch ein Problem. Und alle Wissenschaft, die sich mit abstrakten Gedanken und Gattungsbegriffen befaßt, ist nur eine Vorbereitung zu jener Erkenntnis, die uns zuteil wird, wenn uns eine menschliche Individualität ihre Art, die Welt anzuschauen, mitteilt, und zu der anderen, die wir aus dem Inhalt ihres Wollens gewinnen.«

Mit der Feststellung der individuellen Gebundenheit aller Weltsicht, ist bereits der nächste Punkt der Erörterung, die Frage nach der Orientierung menschlichen Handelns. Denken, Fühlen und Handeln sind miteinander verbunden. Das eine greift in das andere und wird so zu einem der tätigen Menschen angemessenen Sozialleben.

Wie? Wodurch? Woran orientiert sich denn der einzelne Mensch in seinem Handeln? Welche Maßstäbe bestimmen seinen Umgang mit den Mitmenschen? Die Institutionen haben ihre Orientierungsfunktion und damit auch einen Teil ihrer Entlastungsfunktion in der anthroposophischen Lehre eingebüßt. Das Individuum Mensch genießt den Vorrang vor seinem vergesellschafteten Pendant. Dieses Individuum ist auf sich selbst gestellt und damit auf sein Denken und Fühlen. Folgerichtig bindet Steiner auch Freiheit und Sittlichkeit in die Potenz des Individuums ein. Der einzelne Mensch ist sich selbst Richtschnur seines Sollens, Maßstab seines Handelns, er trägt die Fähigkeit zum Guten in sich.

Zum Verhältnis von Freiheit und Sittlichkeit stellt Steiner folglich fest: »Es darf nicht die Formel geprägt werden, der Mensch sei dazu da, um eine von ihm abgesonderte sittliche Weltordnung zu verwirklichen. Wer dies behauptete, stünde in bezug auf Menschheitswissenschaft noch auf demselben Standpunkt, auf dem jene Naturwissenschaft stand, die da glaubte: der Stier habe Hörner, damit er stoßen könne. Die Naturforscher haben glücklich einen solchen Zweckbegriff zu den Toten geworfen. Die Ethik kann sich schwerer davon frei machen. Aber so wie die Hörner nicht *wegen* des Stoßens da sind, sondern das Stoßen *durch* die Hörner, so ist der Mensch nicht wegen der Sittlichkeit da, sondern die Sittlichkeit *durch* den Menschen. Der freie Mensch handelt sittlich, weil er eine sittliche Idee hat; aber er handelt nicht, damit Sittlichkeit entstehe. Die menschlichen Individuen mit ihren zu ihrem Wesen gehörigen sittlichen Ideen sind Voraussetzung der sittlichen Weltordnung.«

An anderer Stelle sagt Steiner knapp und präzise: »Sittlichkeit ist eine spezifisch menschliche Eigenschaft und Freiheit die menschliche Form sittlich zu sein.«

Diese Bindung der Freiheit an die Sittlichkeit muß verdeutlicht werden. Auch die Sittlichkeit ist ein Produkt freien Tuns. Der Satz: Freiheit ist verwirklichte Sittlichkeit und Sittlichkeit ist verwirklichte Freiheit, wäre also durchaus sinnvoll. Steiner bricht damit mit dem Pflichtbegriff in der Tradition Immanuel Kants, dessen »Kategorischer Imperativ« Sittlichkeit sehr formal definierte. Der »Kategorische Imperativ« lautet: »Handle so, daß die Maxime deines Willens jederzeit zugleich als Prinzip einer allgemeinen Gesetzgebung gelten könne.«

Gegen diese Umschreibung von Sittlichkeit wendet Rudolf Steiner ein: »Dieser Satz ist der Tod aller individuellen Antriebe des Handelns. Nicht wie *alle* Menschen handeln würden, kann für mich maßgebend sein, sondern was für mich in dem individuellen Falle zu tun ist.«

Dieses Argument ist geläufig. Bestätigt wird hier lediglich einmal mehr, daß auch das Handeln der individuellen Möglichkeit anheimgestellt ist. Es bliebe zu klären, aus welchen Quellen das Individuum Mensch seine Handlungs-, Freiheits- und Sittlichkeits-Impulse speist. Die Antwort ist – philosophiegeschichtlich gesehen – nicht ungewöhnlich. Steiner reduziert Sittlichkeit auf ein Lustprinzip und die Freiheit zu handeln läßt er ihre Impulse von der Liebe erhalten. Für Sittlichkeit, Moral und Ethik bedeutet dies: »Die Ethik beruht nicht auf der Ausrottung alles Strebens nach Lust, damit bleichsüchtige abstrakte Ideen ihre Herrschaft da aufschlagen können, wo ihnen keine starke Sehnsucht nach Lebensgenuß entgegensteht, sondern auf dem *starken*, von idealler Intuition getragenen *Wollen*, das sein Ziel erreicht, auch wenn der Weg dazu ein dornenvoller ist. Die sittlichen Ideale entspringen aus der moralischen Phantasie des Menschen. Ihre Verwirklichung hängt davon ab, daß sie von den Menschen stark genug begehrt werden, um Schmerzen und Qualen zu überwinden. Sie sind *seine* Intuitionen, die Triebfedern, die sein Geist spannt, er *will* sie, weil ihre Verwirklichung seine höchste Lust ist.«

Wenig später heißt es: »Wer die Lust an der Befriedigung des menschlichen Begehrens ausrotten will, muß den Menschen erst zum Sklaven machen, der nicht handelt, weil er will, sondern nur, weil er soll. Denn die Erreichung des Gewollten macht Lust. Was man *das Gute* nennt, ist nicht das, was der Mensch *soll*, sondern das, was er *will*, wenn er die volle wahre Menschennatur zur Entfaltung bringt.«

Diese »volle wahre Menschennatur« ist der Wert an sich im Sinne der Anthroposophie, Ziel und Zweck der Lehre Rudolf Steiners. In ihrer Wirklichkeit ist sie gebunden an das menschliche Individuum, das sich selbst als handelndes und insofern auch als freies erfährt. Dieser in Freiheit handelnde Mensch aber ist bestimmt durch das den Kosmos durchwaltende Prinzip »Liebe«: »Während ich handle, bewegt mich die Sittlichkeitsmaxime, insoferne sie intuitiv in mir leben kann; sie ist verbunden mit der *Liebe* zu dem Objekt, das ich durch meine Handlung verwirklichen will. Ich frage keinen Menschen und auch keine Regel: soll ich diese Handlung ausführen? – sondern führe sie aus, sobald ich die Idee davon gefaßt habe. Nur dadurch ist sie *meine* Handlung. Wer nun handelt, weil er bestimmte sittliche Normen anerkennt, dessen Handlung ist das Ergebnis der in seinem Moralkodex stehenden Prinzipien. Er ist bloß der Vollstrecker. Er ist ein höherer Automat. Werfet einen Anlaß zum Handeln in sein Bewußtsein, und alsbald setzt sich das Räderwerk seiner Moralprinzipien in Bewegung und läuft in gesetzmäßiger Weise ab, um eine christliche, humane, ihm selbstlos geltende, oder eine Handlung des kulturgeschichtlichen Fortschritts zu vollbringen. Nur wenn ich meiner Liebe zu dem Objekt folge, dann bin ich es selbst, der handelt. Ich handle auf dieser Stufe der Sittlichkeit nicht, weil ich einen Herrn über mich anerkenne, nicht die äußere Autorität, nicht eine sogenannte innere Stimme. Ich erkenne kein äußeres Prinzip meines Handelns an, weil ich in mir selbst den Grund des Handelns, die Liebe zur Handlung gefunden habe.«

Die Liebe zum Handeln aber ist die Liebe zum Menschen, zum Mitmenschen. Denn am Mitmenschen orientiert sich die Handlung als soziale Tat. Für alle Wirkungsbereiche der ganzheitlich angelegten Anthroposophie Rudolf Steiners, seien sie nun rein geisteswissenschaftliche, musische, pädagogische, landwirtschaftliche – oder welche auch immer, gilt somit: »Leben in der Liebe zum Handeln und *Leben lassen* im Verständnis des fremden Wollens ist die Grundmaxime des *freien Menschen*.«

Die Bedeutung dieser Maxime wird, abschließend vor dem szenarischen Hintergrund eines zu Ende gehenden zweiten Jahrtausends nach Christi Geburt erörtert.

Vita activa oder:
Leben in der Liebe zum Handeln [13]

Mit dem Wort »vita activa« faßt Hannah Arendt in ihrem gleichnamigen Buch [14] die drei menschlichen Grundtätigkeiten des Arbeitens, Herstellens und Handelns zusammen. Diese drei sind »Grundtätigkeiten, weil jede von ihnen einer der Grundbedingungen entspricht, unter denen dem Geschlecht der Menschen das Leben auf der Erde gegeben ist«. [15]

Dabei entspricht die Arbeit der natürlichen Tätigkeit des Menschen aus Lebensnotwendigkeit zur Lebenserhaltung. Im Herstellen offenbart sich das Angewiesensein des Menschen auf die Welt und sein gleichzeitiges Bestreben durch die Künstlichkeit der hergestellten Produkte, seien sie materieller oder geistiger Art oder eine Verbindung aus beiden, der Natur zu widerstehen und sich selbst Dauer zu verschaffen. Das Handeln schließlich ist die eigentliche Bestimmung des Menschen, weil es sich ohne materielle Vermittlung zwischen Menschen abspielt und damit wesentlich Leben ist, verstanden als »inter homines esse«: unter Menschen weilen. [16] Letzteres auf den Punkt gebracht: »Das Handeln bedarf einer Pluralität, in der zwar alle dasselbe sind, nämlich Menschen, aber dies auf merkwürdige Art und Weise, daß keiner dieser Menschen je einem anderen gleicht, der einmal gelebt hat oder lebt oder leben wird.« [17]

Ein anderer Denker unserer Zeit, der bereits zitierte Erich Fromm, stellt seine Überlegungen über »die seelischen Grundlagen einer neuen Gesellschaft« unter das dialektische Motto: Haben oder Sein [18] und weist damit auf einer zunächst unterirdischen und mittlerweile sehr irdisch gewordenen Ebene auf jene antagonistischen Positionen hin, die in Hannah Arendts Tätigkeitsbegriffen und damit in der *condition humaine* selbst angelegt sind. Der Mensch hat das Bedürfnis, die hergestellten Produkte, welcher Art sie auch immer sein und welcher Sphäre sie auch immer angehören mögen, zu besitzen und diesen Besitz immerfort zu vermehren. Die Anhäufung von inneren und äußeren Besitztümern hat notwendig den Verlust des Seins, hier zu verstehen als Leben und Leben-können, zur Folge. Der Mensch des Habens verliert sich in den Dingen, betrachtet auch die Freiheit als Besitz und bemißt den Wert des Lebens an dessen Dauer. Der lebendige Mensch dagegen, der Mensch des Seins, geht mit den Dingen um, verzehrt sich in der Sehnsucht nach der »Freiheit zu« und bemißt den Wert des Lebens am Leben selbst.

Diese Charakterisierung zweier unterschiedlicher Haltungen gewinnt dadurch kulturphilosophische und -kritische Bedeutung, daß ihr Geltungsbereich über die individuelle Sphäre weit hinausreicht. Nicht nur Erich Fromm ist der Auffassung, daß die gesamte abendländische Zivilisation durch den Begriff »Haben« geprägt ist. Ja, das Haben wird sogar als Spezifikum angesehen, das das Abendland von anderen Kulturkreisen unterscheidet. In der Terminologie Hannah Arendts ausgedrückt, heißt das: Der herstellende Mensch dominiert über den handelnden und zwingt diesen in einen aus der Funktionalität der Dinge resultierenden reaktiven Automatismus. Die »vita activa« wird so zu einer »vita re-activa«.

Es steht außer Frage, daß das Herstellen zu einem *perpetuum mobile* geworden ist, das den Menschen mittlerweile bis zur Grenze der Selbstvernichtung seiner Art mitgeschleift hat. Vor diesem Hintergrund gewinnt der Satz George Walds Gewicht, den Hannah Arendt zitiert: »Womit wir konfrontiert sind, ist eine Generation, die in keiner Weise sicher ist, daß sie eine Zukunft hat.«[19]

»Als Verantwortender ist der Mensch ein sicher nicht von-sich-Weisender, sondern ein Über-sich-hinaus-Weisender.«[20] Allerdings: er braucht festen Grund unter den Füßen, soll er solcherart Verantwortung tragen. Wo aber einen solchen finden? Die Ratio, namentlich in Gestalt der Wissenschaft, Refugium des Vertrauens in die Machbarkeit aller Dinge spätestens seit der Renaissance, hat ihr Vertrauenspotential bei vielen Menschen endgültig aufgebraucht. Die Vernunft hat sich einfach zum Kärrner zu vieler Ideologien machen lassen, und die eine ihrer Spielarten, die seit Kant als »reine« apostrophierte, jene letzte Bastion wissenschaftlichen Denkens, vermeidet es partout und per definitionem jenen festen Grund zu liefern, auf dem der verantwortende Mensch stehen könnte. Wenn aus dem Reich der Wissenschaft aber keine Antwort herübertönt zu dem nach dem Sinn des Lebens fragenden Menschen, woher sollen dann die Antworten kommen auf die immergleichen Fragen dieser condition humaine?

Max Weber fragt: »Wer beantwortet, da es die Wissenschaft

nicht tut, die Frage: was sollen wir denn tun? und: wie sollen wir unser Leben einrichten?« ... – dann ist zu sagen: nur ein Prophet oder ein Heiland.«[21]

Auch deren Existenz geht in dieser durchrationalisierten Welt nicht unproblematisch vonstatten.[22] Auch dies hat Weber sehr klar gesehen: »... das Leben des Buddha, Jesus, Franziskus zu führen, scheint unter den technischen und sozialen Bedingungen rationaler Kultur rein äußerlich zum Mißerfolg verurteilt.«[23]

Ganz sicher trifft diese Bemerkung Webers den Kern des Problems. Allerdings ist die »Verurteilung« ja kein abstrakter, von allem Menschlichen losgelöster Prozeß. Es sind ja konkrete Menschen, die verurteilen. In diesem Fall in aller Regel also jene, die sich den Bedingungen rationaler Kultur unterworfen haben. Und es sind die »Aussteiger«, die verurteilt werden.

Auf eine essentielle Diskussion darüber, ob und wenn, inwieweit die Aussteiger denn nun mit den »großen« Heiligen zu vergleichen sind, wird hier nicht eingegangen. Auch die gegensätzlichen Positionen mit ihren jeweiligen Argumentationen werden hier nicht vorgeführt. Richard Löwenthal hat dies ja unlängst sehr provokativ für die Belange seiner Partei, aber – wie es scheint – durchaus auch mit dem wichtigen Anspruch getan, eine allgemeine Diskussion zu entfachen.[24] In diese Diskussion kann hier nur mit dem Votum für die Notwendigkeit einer Umleitung der generellen Handlungsimpulse eingegriffen werden. Eine solche Umleitung ist nur als Revolution von innen, als Entgegnung jener rational gesatzten Ordnung äußerer Revolution möglich. Von diesen dominierenden Normierungen des äußeren Lebens muß sich der befreit haben, der alternativ den Sinn des Lebens zu suchen sich anschickt. Mehr noch: der Sinn des Lebens erschließt sich heute mehr denn je nur dem Andersseienden. Und es sind vielleicht gerade jene im positiven Abseits des wie auch immer gearteten Andersseins miteinander lebenden Menschen, die auch den im Bestehenden Verhafteten neuen Boden unter die Füße zu schieben vermögen, sie Mut fassen lassen für eine Verantwortung, die über den Automatismus der »Superstruktur«[25] hinausreicht und neue Grenzen zieht. Angesichts der ungeheuren Krise dieser Welt in dieser Zeit dürfen die Mahner nicht ungehört bleiben. Weil die Menschen den Schock des Faktischen in den Knochen haben, wächst in der Tat auch die Zahl jener, um Erhard Eppler zu zitieren,[26] die die Dialektik von Struktur und Wert zugunsten des Wertes entschieden wissen wollen. Völlig zu Recht notiert Otto Veit: »Sollen die blutigen Katastrophen unserer Tage samt allen körperlichen und seelischen Leiden einen Sinn gehabt haben ..., so kann er nur im Durchbruch einer neuen Idee der Gemeinschaft liegen. Aber dieser Ertrag ist ausgehöhlt durch die weltanschauliche Verwirrung und Zersetzung, die inzwischen offenbar geworden ist und die der zweite Weltkrieg ins Ungemessene gesteigert hat. Nach der Abnutzung der Weltanschauungsformen, die den Massen einstmals Halt geboten haben, kommt es jetzt darauf, daß der *Einzelne* es fertig bringt, über alle ›Ismen‹ sich hinwegzusetzen und zu einer unvorbelasteten Selbstgesetzgebung zu gelangen. Sollen die breiten Massen von der Idee der Gemeinschaft einen neuen Integrationskern erhalten, so müssen zuvörderst die Einzelmenschen vorhanden sein, die jener Idee einen ethischen Gehalt verleihen.«[27]

Natürlich sind es Individuen, die eine »neue« Ethik markieren im Denken und Handeln. Aber sie brauchen und suchen sich Anhänger, Gefährten, Jünger, weil ihre Ethik sonst Gefahr läuft, im sozialen Niemandsland zu verenden. Ethik meint doch gerade die konkrete Gestaltung der vita activa – und wie sollte die anderswo erfahrbar gemacht werden, als im sozialen Feld.

Ludwig Freund kann nur zugestimmt werden, wenn er bemerkt: »Vieles in der Geschichte hängt vom Zufall des Kommens oder Nichtkommens der geeigneten Persönlichkeiten im psychologischen Augenblicke ab ... Die Frage ist immer, ob irgend jemand da ist, der groß genug ist, den wirksamen Impuls auszulösen.«[28]

Daß Rudolf Steiner einen solchen Impuls ausgelöst hat, wird kaum bezweifelt werden. Seine Anthroposophie markiert einen Wendepunkt im Vollzugscharakter des modernen Daseins. Nicht zuletzt deswegen, weil sie den Menschen in ein kosmisches Koordinationssystem zurückverpflanzt hat. Aus dem Individuum als der letzten Zerspaltungseinheit einer objektbesessenen, wissenschaftlich analytischen Revolution von außen wirkender Rationalität hat Rudolf Steiner die kleinste, gleichzeitig wichtigste Einheit einer ganzheitlichen, innen wie außen in gleichen Maßen geistdurchwirkten Welt gemacht. Das Menschliche wirkt damit nicht länger als Sicherheitsrisiko des Vielzuviels an Rationalität. Es erhält als Verantwortung für den Fortbestand der Welt seinen angestammten Platz zurück – mit neuen Bewußtseinsinhalten und auf einer qualitativ anderen

Ebene des Existierens. Denn jener Nuklearsprengkopf in der Interkontinentalrakete ist Wirklichkeit und ihn gilt es zunächst als irrationales Ergebnis einer – durch ein Vielzuviel an äußerer Rationalität – aus den Fugen geratenen Welt zu entlarven.

Eine erfolgreiche globale Aufklärungsarbeit dieser Art wäre eine utopisch schöne Perspektive für ein Wirken anthroposophischer Revolution von innen in der heutigen Zeit. Wer die anthroposophische Zurückhaltung – namentlich im Politischen – jedoch kennt, der weiß, eine schöne Illusion, leider nicht mehr. Die Anthroposophie wirkt in überschaubaren sozialen Dimensionen. Nur dort kann sie – vorausgesetzt, sie öffnet sich der Welt – ein Regulativ gegenüber dem herrschenden Vollzugscharakter modernen Lebens werden. Und dies auf allen Ebenen menschlichen Seins.

Genau dies hatte Rudolf Steiner gefordert und sein eigenes Leben entsprechend gestaltet. Der heutigen Anthroposophie ist diese Forderung Steiners leider nicht in vollem Umfang gegenwärtig. Nicht der Rückzug ins esoterisch kontemplative Reich realitätsentrückter Ideen war Steiner Gebot der Stunde, sondern das Annehmen der alltäglichen Herausforderung im Hier und Jetzt. Der Sinn der vita contemplativa erfüllt sich erst in der vita activa. Darauf verweist Rudolf Steiner mit Nachdruck. »Mit Recht fordert die heutige Menschheit, daß derjenige, zu dem sie als einem Erkennenden Vertrauen haben soll, mitten im Leben drinnstehe, daß er es aufnehmen könne mit dem robusten Leben, mit menschlicher Arbeit und menschlichem Wirken, wie es die Zeitforderung gestaltet. Mit dem, der sich zurückziehen muß vom Leben, fühlen sich die heutigen Menschen eben nicht in derselben Weise verbunden wie die Menschen älterer Kulturepochen.«

Es ist die wechselwirkende Durchdringung von vita contemplativa und vita activa, die den »anthroposophischen Weg«[29] des Andersseins von der konventionellen Normalität abhebt. Wer Steiners Denken ernst, und das ist vor allem: praktisch,[30] nimmt, schert aus allen Vollzugsschablonen zwischenmenschlicher Eindimensionalität zwangsläufig aus. Dieses Ausscheren findet denn auch überall dort statt, wo Anthroposophie handelnd ihr soziales Feld gestaltet. Denn mit dem Bestehenden läßt sich anthroposophische Lebensgestaltung selten in Einklang bringen. Kunst[31] und Architektur[32] haben durch die Anthroposophie ebenso eine Neuorientierung erfahren wie etwa der Landbau[33] oder die Heilmittelherstellung. Alle Bereiche des Daseins erschließt die Anthroposophie mit ihrer *Praxis*. Am deutlichsten tritt dabei ihr zentraler Handlungsimpuls im Umgang mit jenen Menschen zutage, die in der normierten Gesellschaft ein Schattendasein als Minderheit fristen. Innerhalb der auf die Bedürfnisse und Ansprüche »normaler« Erwachsener zugeschnittenen Sozialmechanismen sind Kinder und Behinderte »Außenseiter«, ihr Anteil am Lebensalltag entsprechend beschränkt; Kind-adäquate, gar: Behinderten-adäquate Einrichtungen sind selten, ganz zu schweigen von den kategorischen Verhaltensdefekten der »normalen« Erwachsenen diesen »Außenseitern« gegenüber. Gerade dieses soziale Abseits hat die Anthroposophie mit ihrer Liebe zum Handeln im Verständnis des fremden Willens durchdrungen. Die Unantastbarkeit der individuellen Persönlichkeit steht immer im Zentrum dieses Impulses – Heranwachsende oder Behinderte sind in den Wirkungsbereich dieses Impulses eingeschlossen. Waldorfpädagogik[34] wie Camphillbewegung[35] legen davon beeindruckendes Zeugnis ab.

Die Liebe zum Leben vertreibt die öde Gleichgültigkeit aus dem modernen Dasein und schreibt die anthroposophische Grundmaxime einer Revolution von innen in das Schicksalsbuch einer zukünftigen Menschheit, die es vielleicht nicht geben wird.

Anmerkungen

1 Fischer-Taschenbuch Nr. 2020, Frankfurt am Main 1978
2 Erich Fromm: Anatomie der menschlichen Destruktivität, Reinbek 1977
3 Ebd. S. 27
4 Erich Fromm: Die Revolution der Hoffnung, Reinbek 1974
5 Arnold Gehlen: Anthropologische Forschung, Reinbek 1961, S. 56
6 Philosophisches Wörterbuch, begründet von Heinrich Schmidt, neu bearbeitet von Georgi Schischkoff, Stuttgart 1974
7 Johannes Hemleben: Rudolf Steiner, Reinbek 1963, S. 111
8 Ebd. S. 38
9 Ebd. S. 62
10 Friedrich Hiebel: Zum Weltbild Rudolf Steiners, in: Kurt E. Becker und Hans-Peter Schreiner (Hrsg.), Anthroposophie heute, München 1981, S. 23
11 Von demselben Ansatzpunkt sind Hans-Peter Schreiner und ich schon einmal ausgegangen. Vgl. Becker/Schreiner, Freiheit und Handeln – Aspekte einer ganzheitlichen Alternative für die Zukunft, in: dieselben (Hrsg.), a. a. O. 1981, S. 211 ff
12 Ebd. S. 216
13 Die ersten Passagen dieses Kapitels sind identisch mit ebenda, S. 222 und 223
14 Hannah Arendt: Vita activa oder vom tätigen Leben, München 1960
15 Ebd. S. 14
16 Ebd. S. 15
17 Ebd. S. 15
18 Erich Fromm: Haben oder Sein. Die seelischen Grundlagen einer neuen Gesellschaft. München 1976
19 George Wald, zitiert nach Hannah Arendt: Macht und Gewalt, 2. Auflage, München 1971, S. 21
20 Kurt E. Becker: Der Raub der Europa, in: Neue Deutsche Hefte 3/1978, S. 549
21 Max Weber: Gesammelte Aufsätze zur Wissenschaftslehre, 4., erneut durchgesehene Auflage, Tübingen 1973, S. 609
22 Das gleiche Problem habe ich bereits andernorts diskutiert (Vgl. Kurt E. Becker, a. a. O. 1978, S. 545 f.)
23 Max Weber: Gesammelte Aufsätze zur Religionssoziologie, Band 1, 5. Auflage, Tübingen 1963, S. 571
24 Vgl. Richard Löwenthal: Identität und Zukunft der SPD, in: Die neue Gesellschaft, 12/1981

25 Vgl. Arnold Gehlen: Die Seele im technischen Zeitalter, Reinbek 1957, etwa S. 11 ff. Die »Superstruktur« wird dort (S. 13) charakterisiert als Zusammenwirken von Naturwissenschaften, Technik und Industriesystem

26 Vgl. etwa Erhard Eppler: Die Friedensbewegung – Ein Gespräch, herausgegeben von Kurt E. Becker et al, in: Reihe Frankenthaler Gespräche, Landau 1982, S. 27 ff

27 Otto Veit: Die Flucht vor der Freiheit, Frankfurt 1947, 329

28 Ludwig Freund: Politik und Ethik, Frankfurt/Berlin 1955, S. 258 und 259

29 Vgl. Rudolf Steiner: Der anthroposophische Weg, herausgegeben von Kurt E. Becker et al., Frankfurt 1983

30 Vgl. Kurt E. Becker und Hans-Peter Schreiner (Hrsg.), Rudolf Steiner – Praktizierte Anthroposophie, Frankfurt 1983

31 Vgl. etwa Hedwig Greiner-Vogel: Anthroposophie und Kunst, in: Kurt E. Becker und Hans-Peter Schreiner (Hrsg.), a. a. O. 1981, S. 173 ff

32 Vgl. etwa Eberhard Grillparzer: Nonverbale Erziehung durch Architektur, in: Becker/Schreiner (Hrsg.), a. a. O. 1981, S. 148 ff

33 Vgl. etwa Wolfgang Schaumann: Die biologisch-dynamische Wirtschaftsweise in der Auseinandersetzung mit der unserer Zeit, in: Becker/Schreiner (Hrsg.), a. a. O. 1981, S. 106 ff

34 Vgl. etwa Rudolf Steiner: Aspekte der Waldorfpädagogik, herausgegeben von Edwin Froböse, Frankfurt 1983

35 Vgl. etwa Karl König, Sinnesentwicklung und Leiberfahrung, 2. Auflage, Stuttgart 1978, oder Thomas J. Weihs, Das entwicklungsgestörte Kind. Heilpädagogische Erfahrungen in Camphill-Gemeinschaften, Frankfurt

II

Rudolf Steiner – Eine Lebenschronik, zusammengestellt von Hans-Peter Schreiner

Steiner über sich selbst, Zeitgenossen und Weggefährten über Steiner: die folgende Chronik dokumentiert den »Lebensgang« der Begründers der Anthroposophie. Zitate der Primär- und Sekundär-Literatur untermauern dabei die biographischen Daten und Fakten.

1861

Rudolf Steiner wird in Kraljevec an der ungarisch-kroatischen Grenze geboren. Sein Vater, Johann Steiner, ein Telegrafist der österreichischen Südbahn, stammt aus dem niederösterreichischen Geras. Die Mutter Franziska kommt aus dem gleichen Landstrich der Donaumonarchie.

»Mein Vater war ein durch und durch wohlwollender Mann, aber mit einem Temperament, das namentlich, als er noch jung war, leidenschaftlich aufbrausen konnte. Der Eisenbahndienst war ihm Pflicht; mit Liebe hing er nicht an ihm. Als ich noch Knabe war, mußte er zu Zeiten drei Tage und drei Nächte hindurch Dienst leisten. Dann wurde er für 24 Stunden abgelöst. So bot ihm das Leben nichts Farbiges, nur Grauheit. Gerne beschäftigte er sich damit, die politischen Verhältnisse zu verfolgen. Er nahm an ihnen den lebhaftesten Anteil. Meine Mutter mußte, da Glücksgüter nicht vorhanden waren, in der Besorgung der häuslichen Angelegenheiten aufgehen. Liebevolle Pflege ihrer Kinder und der kleinen Wirtschaft füllten ihre Tage aus.«[1]

1862

Die Familie siedelt nach Mödling bei Wien über, bleibt dort aber nur ein halbes Jahr lang.

1863

Der Vater wird Leiter der Südbahnstation von Pottschach (Niederösterreich). Hier verlebt Rudolf Steiner über sechs Jahre seiner Kindheit. Die Geschwister Leopoldine (1864–1927) und Gustav (1866–1941) werden in dieser Zeit geboren.

»Auf dem kleinen Bahnhof (...) vereinigte sich alles Interesse auf den Eisenbahnbetrieb. Es verkehrten damals in dieser Gegend die Züge nur in größeren Zeitabständen; aber wenn sie kamen, waren zumeist eine Anzahl von Menschen des Dorfes, die Zeit hatten, am Bahnhof versammelt, um Abwechslung in das Leben zu bringen, das ihnen sonst anscheinend eintönig vorkam. Der Schullehrer, der Pfarrer, der Rechnungsführer des Gutshofes, oft der Bürgermeister erschienen da. Ich glaube, daß es für mein Leben bedeutsam war, in einer solchen Umgebung die Kindheit verlebt zu haben. Denn meine Interessen wurden stark in das Mechanische dieses Daseins hineingezogen. Und ich weiß, wie diese Interessen den Herzensanteil in der kindlichen Seele immer wieder verdunkeln wollten, der nach der anmutigen und zugleich großzügigen Natur hin ging, in die hinein in der Ferne diese dem Mechanismus unterworfenen Eisenbahnzüge doch jedesmal verschwanden.«[2]

1868

Die Familie Steiner verläßt Pottschach und lebt nun elf Jahre in Neudörfl im ungarischen Burgenland, eine halbe Stunde von Wiener Neustadt entfernt. Der Vater übernimmt dort die Bahnstation. Beim Neudörfler Hilfslehrer Heinrich Gangl lernt Rudolf Steiner die Geometrie kennen, die ihn rasch in ihren Bann zieht.

»Dadurch konnte der Hilfslehrer mit etwas in mein Leben eingreifen, das für mich richtungsgebend geworden ist. Bald nach meinem Eintreten in die Neudörfler Schule entdeckte ich in seinem Zimmer ein Geometriebuch. Ich stand so gut mit diesem Lehrer, daß ich das Buch ohne weiteres eine Weile zu meiner Benutzung haben konnte. Mit Enthusiasmus machte ich mich darüber her. Wochenlang war meine Seele ganz erfüllt von der Kongruenz, der Ähnlichkeit von Dreiecken, Vierecken, Vielecken; ich zergrübelte mein Denken mit der Frage, wo sich eigentlich die Parallelen schneiden; der pythagoreische Lehrsatz bezauberte mich.

Daß man seelisch in der Ausbildung rein innerlich angeschauter Formen leben könne, ohne Eindruck der äußeren Sinne, das gereichte mir zur höchsten Befriedigung. Ich fand darin Trost für die Stimmung, die sich mir durch die unbeantworteten Fragen ergeben hatte. Rein im Geiste etwas erfassen zu können, das brachte mir ein inneres Glück. Ich weiß, daß ich an der Geometrie das Glück zuerst kennen gelernt habe.«[3]

1869

In Neudörfl wird Steiner Ministrant und zwischen Kirche und freigeistigem Elternhaus hin- und hergerissen.

»Von tiefergehender Bedeutung für mein Knabenleben war die Nähe der Kirche und des um sie liegenden Friedhofes. Alles, was in der Dorfschule geschah, entwickelte sich im Zusammenhange damit. Das war nicht nur durch die in jener Gegend damals herrschenden sozialen und staatlichen Verhältnisse bewirkt, sondern vor allem dadurch, daß der Pfarrer eine bedeutende Persönlichkeit war. Der Hilfslehrer war zugleich Orgelspieler der Kirche, Kustos der Meßgewänder und der anderen Kirchengeräte; er leistete dem Pfarrer alle Hilfsdienste in der Versorgung des Kultus. Wir Schulknaben hatten den Ministranten- und Chordienst zu verrichten bei Messen, Totenfeiern und Leichenbegängnissen (...) Ich war dadurch, daß ich an diesem Kirchendienste bis zu meinem zehnten Jahre intensiv teilnahm, oft in der Umgebung des von mir so geschätzten Pfarrers.«[4]

1872

Rudolf Steiner besucht die Oberrealschule in Wiener Neustadt. Der Schüler fühlt sich immer stärker zu den naturwissenschaftlichen Fächern hingezogen. Steiner beginnt mit der Lektüre von Kants »Kritik der reinen Vernunft«, entwickelt schließlich ein positives Verhältnis zu Geschichte und Literatur. Besondere Unterstützung erfährt er bei seinen Studien durch den Arzt Carl Hickl.

»Als ich etwa fünfzehn Jahre alt war, durfte ich zu dem schon erwähnten Arzte in Wiener Neustadt in ein näheres Verhältnis treten. Ich hatte ihn durch die Art, wie er bei seinen Neudörfler Besuchen mit mir sprach, sehr lieb gewonnen. So schlich ich denn öfter an seiner Wohnung, die in einem Erdgeschosse an der Ecke zweier ganz schmaler Gäßchen in Wiener Neustadt lag, vorbei. Einmal war er am Fenster. Er rief mich in sein Zimmer. Da stand ich vor einer für meine damaligen Begriffe ›großen‹ Bibliothek. Er sprach wieder von Literatur, nahm dann Lessings ›Minna von Barnhelm‹ aus der Büchersammlung und sagte, das solle ich lesen und dann wieder zu ihm kommen. So gab er mir immer wieder Bücher zum Lesen und erlaubte mir, von Zeit zu Zeit zu ihm zu gehen. Ich mußte ihm dann jedesmal, wenn ich ihn besuchen durfte, von meinen Eindrücken aus dem Gelesenen erzählen. Er wurde dadurch eigentlich mein Lehrer in dichterischer Literatur. Denn diese war mir bis dahin sowohl im Elternhause wie in der Schule, außer einigen ›Proben‹, ziemlich ferne geblieben. Ich lernte in der Atmosphäre des liebevollen, für alles Schöne begeisterten Arztes besonders Lessing kennen.«[5]

1875

Steiner beginnt mit dem für seine spätere pädagogische Tätigkeit so entscheidenden Nachhilfeunterricht für schwächere Mitschüler.

»Dazumal war der, dessen Lebensverhältnisse hier dargestellt werden sollen, nachdem er die Hochschulverhältnisse hinter sich hatte, Erzieher geworden. Er mußte ja schon von seinem vierzehnten Jahre ab immer Privatstunden geben, mußte andere Knaben unterrichten, mußte diesen Unterricht auch später fortsetzen, um seinen Lebensunterhalt zu gewinnen, und hatte, während er die Hochschule absolvierte, recht viele Schüler. Man kann sagen: er war glücklich, daß er recht viele Schüler hatte, denen er Nachhilfe erteilte oder die der auch ganz erzog.«[6]

1879

In diesem Jahr schließt Rudolf Steiner die Schule ab – mit einem exzellenten Abiturzeugnis. »Reife mit Auszeichnung«. Der Vater wird nach Inzersdorf vor Wien versetzt: »Der Bahnhof stand da, weit vom Orte entfernt, in völliger Einsamkeit in einer unschönen Naturumgebung.«[7] Damit will die Eisenbahngesellschaft dem Sohn ihres Beamten die Möglichkeit geben, die technische Hochschule in Wien zu besuchen. Ziel: Realschul-Lehramt. An der Hochschule wird Rudolf Steiner im Herbst 1879 immatrikuliert. Er belegt die Fächer Biologie, Chemie, Physik und Mathematik. – Steiner beschäftigt sich zum ersten Mal mit Johann Gottlieb Fichtes »Wissenschaftslehre«.

»Von der ›Wissenschaftslehre‹ ausgehend bekam ich ein besonderes Interesse für die Fichteschen Abhandlungen. ›Über die Bestimmung des Gelehrten‹ und ›Über das Wesen des Gelehrten‹. In diesen Schriften fand ich eine Art Ideal, dem ich selbst nachstreben wollte. Daneben las ich auch die ›Reden an die deutsche Nation‹. Sie fesselten mich damals viel weniger als die anderen Fichteschen Werke.«[7]

1879

Ein entscheidendes Datum für die Anthroposophie: In der geistigen Welt erringt der Erzengel Michael die Führung – das gegenwärtige »Michaelische Zeitalter« beginnt.

1880

In seinen Studienjahren erlebt Rudolf Steiner den ersten Durchbruch zu höherer Erkenntnis. Der knapp Zwanzigjährige entdeckt an sich das Vermögen »das Ewige in uns« anzuschauen. »Ich glaubte und glaube immer noch, jenes innerste Vermögen ganz klar an mir entdeckt zu haben – geahnt habe ich es ja schon längst.«[8]

»Ich arbeite nunmehr immer bewußter daran, die unmittelbare *Anschauung*, die ich von der geistigen Welt hatte, in die Form von *Gedanken* zu gießen. Und während diese innere Arbeit mich erfüllte, suchte ich mich an den Wegen zu orientieren, welche die Denker der Kantzeit und diejenigen der folgenden Epoche genommen hatten. Ich studierte den trockenen, nüchternen ›transzendentalen Synthetismus‹ Traugott Krugs ebenso eifrig wie ich mich in die Erkenntnistragik einlebte, bei der Fichte angekommen war, als er seine ›Bestimmung des Menschen‹ schrieb. Die ›Geschichte der Philosophie‹ des Herbartianers Thilo erweiterte meinen Blick von der Kantzeit aus über die Entwickelung des philosophischen Denkens. Ich rang mich zu Schelling, zu Hegel durch. Der Gegensatz des Denkens bei Fichte und Herbart trat mit aller Intensität vor meine Seele.«[9]

Steiner hört an der Hochschule Karl Julius Schröer sowie den Herbartianer Robert Zimmermann und Franz von Brentano. Lebensweisend wird die Begegnung mit Schröer. Er wird einer seiner wichtigsten Lehrer. Mit ihm beginnt Steiners intensive Beschäftigung mit Goethe und vor allem auch mit dessen »Faust«. Das Goetheverständnis Rudolf Steiners wird von Schröer geprägt.

»Ich danke es Gott und einem guten Geschicke, daß ich hier in Wien einen Mann kennenlernte, der – nach Goethe selbstverständlich – sich als der beste Faustkenner rühmen darf, einen Mann, den ich hochschätze und verehre als Lehrer, als Gelehrten, als Dichter, als Menschen. Es ist Karl Julius Schröer.«[10]

Auf seinen Bahnfahrten von Inzersdorf nach Wien lernt Steiner den Kräutersammler Felix Koguzki kennen und freundet sich mit ihm an. Koguzki ist für Steiner ein wichtiger Gesprächspartner im Streben nach geistiger Erkenntnis. Mit ihm allein kann er sich in dieser Zeit über geistige Erfahrungen austauschen.

»Mit ihm konnte man über die geistige Welt sprechen wie mit jemand, der Erfahrung darin hatte. Er war eine innerlich fromme Persönlichkeit. In allem Schulmäßigen war er ungebildet. Er hatte zwar viele mystische Bücher gelesen, aber was er sprach, war ganz unbeeinflußt von dieser Lektüre. Es war der Ausfluß seines Seelenlebens, das eine ganze elementarische, schöpferische Weisheit in sich trug. Man konnte es bald empfinden: er las die Bücher nur, weil er, was er durch sich selbst wußte, auch bei anderen finden wollte. Aber es befriedigte ihn nicht. Er offenbarte sich so, als ob er als Persönlichkeit nur das Sprachorgan wäre für einen Geisteshinhalt, der aus verborgenen Welten heraus sprechen wollte. Wenn man mit ihm zusammen war, konnte man tiefe Blicke in die Geheimnisse der Natur tun. Er trug auf dem

Rücken sein Bündel Heilkräuter; aber in seinem Herzen trug er die Ergebnisse, die er aus der Geistigkeit der Natur bei seinem Sammeln gewonnen hatte.«[11]

1882

Schröer gewinnt Steiner für die Herausgabe Goethes naturwissenschaftliche Schriften in der »Deutschen Nationalliteratur« von Joseph Kürschner.

1883

Der erste Band der wissenschaftlichen Schriften Goethes zur Morphologie ist abgeschlossen. Der Band erscheint 1884 – kommentiert und mit einer sechzigseitigen Einführung Steiners. Weitere vier Bände erscheinen bis 1897.

»Auf Schröers Empfehlung hin lud mich 1882 Joseph Kürschner ein, innerhalb der von ihm veranstalteten ›Deutschen Nationalliteratur‹ Goethes naturwissenschaftliche Schriften mit Einleitungen und fortlaufenden Erklärungen herauszugeben. Schröer, der selbst für dieses große Sammelwerk die Dramen Goethes übernommen hatte, sollte den ersten der von mir zu besorgenden Bände mit einem einführenden Vorworte versehen. Er setzte in diesem auseinander, wie Goethe als Dichter und Denker innerhalb des neuzeitlichen Geisteslebens steht. Er sah in der Weltanschauung, die das auf Goethe folgende naturwissenschaftliche Zeitalter gebracht hatte, einen Abfall von der geistigen Höhe, auf der Goethe gestanden hatte. Die Aufgabe, die mir durch die Herausgabe von Goethes naturwissenschaftlichen Schriften zugefallen war, wurde in umfassender Art in dieser Vorrede charakterisiert.

Für mich schloß diese Aufgabe eine Auseinandersetzung mit der Naturwissenschaft auf der einen, mit Goethes ganzer Weltanschauung auf der anderen Seite ein. Ich mußte, da ich nun mit einer solchen Auseinandersetzung vor die Öffentlichkeit zu treten hatte, alles, was ich bis dahin als Weltanschauung mir errungen hatte, zu einem gewissen Abschluß bringen.«[12]

1884

Steiner beginnt als Hauslehrer bei der Familie Ladislaus und Pauline Specht. Sechs Jahre lang arbeitet er dort als Erzieher der vier Jungen der Familie – vor allem die Arbeit am Problemkind Otto Specht gibt ihm entscheidende Impulse für seine spätere pädagogische und heilpädagogische Arbeit.

»Diese Erziehungsaufgabe wurde für mich eine reiche Quelle des Lernens. Es eröffnete sich mir durch die Lehrpraxis, die ich anzuwenden hatte, ein Einblick in den Zusammenhang zwischen Geistig-Seelischem und Körperlichem im Menschen. Da machte ich mein eigentliches Studium in Physiologie und Psychologie durch. Ich wurde gewahr, wie Erziehung und Unterricht zu einer Kunst werden müssen, die in wirklicher Menschenerkenntnis ihre Grundlage hat.«[13]

1886/1887

Steiner veröffentlicht »Grundlinien einer Erkenntnistheorie der Goetheschen Weltanschauung« (1886). Bekanntschaft mit der Dichterin Maria delle Grazie. Zahlreiche gesellschaftliche Begegnungen im Hause der Dichterin.

»Im Hause Marie Eugenie delle Grazies verlebte ich schöne Stunden meines Lebens. Sie hatte jeden Sonnabend Besuchsabend. Es waren Persönlichkeiten vieler Geistesrichtungen, die sich da einfanden. Die Dichterin bildete den Mittelpunkt. Sie las aus ihren Dichtungen vor; sie sprach im Geiste ihrer Weltauffassung mit entschiedener Wortgebärde; sie beleuchtete mit den Ideen dieser Auffassung das Menschenleben. Es war keine Sonnenbeleuchtung. Eigentlich immer Mondendüsterkeit. Drohender Wolkenhimmel. Aber aus den Wohnungen der Menschen stiegen in die Düsternis Feuerflammen hinauf, wie die Leidenschaften und Illusionen tragend, in denen sich die Menschen verzehren. Alles aber auch menschlich ergreifend, stets fesselnd, das Bittere von dem edlen Zauber einer ganz durchgeistigten Persönlichkeit umflossen.«[14]

1888

Steiner wird Redakteur der von Heinrich Friedjung herausgegebenen »Deutschen Wochenschrift« in Wien:

»Für mich war diese kurze Redaktionstätigkeit (...) von großer Bedeutung. Sie lenkte meine Aufmerksamkeit auf den Stil, mit dem man damals in Österreich die öffentlichen Angelegenheiten behandelte, mir war dieser Stil tief unsympathisch.«

Vortrag in Wien: »Goethe als Vater einer neuen Ästhetik«.

1889

Karl Julius Schröer empfiehlt Steiner an das Goethe- und Schiller-Archiv nach Weimar. Im August besucht er zum erstenmal den Direktor des Archivs, Bernhard Suphan. Es ist seine erste Reise nach Deutschland. Steiner vereinbart seine Mitarbeit am Archiv. Ihm soll die Herausgabe der naturwissenschaftlichen Goethe-Schriften für die »Sophien-Ausgabe« angetragen werden.

»Mein durch einige Wochen dauernder (Anm: erster) Aufenthalt in der Goethe-Stadt war für mich eine Festeszeit meines Lebens. Ich hatte jahrelang in Goethes Gedanken gelebt; jetzt durfte ich selber an den Stätten sein, an denen diese Gedanken entstanden sind. Unter dem erhebenden Eindrucke dieses Gefühls verbrachte ich diese Wochen.

Ich durfte nun Tag für Tag Papiere vor Augen haben, auf denen Ergänzungen zu dem standen, was ich vorher für die Goethe-Ausgabe der Kürschnerschen ›National-Literatur‹ bearbeitet hatte. Die Arbeit an dieser Ausgabe hat in meiner Seele ein Bild von Goethes Weltanschauung ergeben. Jetzt handelte es sich darum, zu erkennen, wie dieses Bild bestehen kann im Hinblick darauf, daß sich vorher nichts Veröffentlichtes über Naturwissenschaft im Nachlasse fand. Mit großer Spannung arbeitete ich mich in diesen Teil des Goethe-Nachlasses hinein.«[15]

1890

Im September siedelt Steiner nach vielfachen Verzögerungen (die Trennung von Wien fällt ihm ausgesprochen schwer) nach Weimar über und beginnt seine Mitarbeit am Goethe- und Schiller-Archiv. Steiner fühlt sich in Weimar »allein«. Das Archiv stellt sich für ihn nun lediglich als Verwaltung und Archivierung Goethes dar ohne eigentliches Verständnis für Goethe. »Hier in Weimar, der Stadt der klassischen Mumien, stehe ich dem Leben und Treiben fremd und kühl gegenüber.« In die Weimarer Zeit fallen wichtige Begegnungen, darunter mit Ernst Haeckel, Hermann Grimm, Gabriele Reuter, Otto Erich Hartleben, Heinrich von Treitschke u. a.

1891

Rudolf Steiner promoviert an der Universität Rostock bei Heinrich von Stein; Thema der philosophischen Dissertation:

»Die Grundfrage der Erkenntnistheorie mit besonderer Rücksicht auf Fichtes Wissenschaftslehre. Prolegomena zur Verständigung des philosophierenden Bewußtseins mit sich selbst.«

Die Steinersche Dissertation erscheint ein Jahr später als Buch: »Wahrheit und Wissenschaft, Vorspiel einer Philosophie der Freiheit«.

1892

Von diesem Jahr an lebt Steiner bei der 39jährigen Witwe Anna Eunike in Untermiete. Zwischen den beiden entwickelt sich ein tiefes Vertrauensverhältnis. Im Hause Eunike empfängt Steiner Freunde, Gelehrte, Größen seiner Zeit.

1893

Steiners erste briefliche Kontakte mit Haeckel und der Beginn seiner Auseinandersetzung mit Friedrich Nietzsche fallen in dieses Jahr. Beides ist bestimmend für die Weimarer Zeit.

»Aus der weitgehenden Beschäftigung mit Nietzsche verblieb mir die Anschauung von seiner Persönlichkeit, deren Schicksal war, das naturwissenschaftliche Zeitalter der letzten Hälfte des neunzehnten Jahrhunderts in Tragik mitzuerleben, und an der Berührung mit ihm zu zerbrechen. Er *suchte* in diesem Zeitalter, konnte aber in ihm nichts *finden*. Mich konnte das Erleben an ihm nur festigen in der Anschauung, daß alles Suchen in den Ergebnissen der Naturwissenschaft das Wesentliche nicht *in* ihnen, sondern *durch* sie *im Geiste finden* müsse.«[16]

Im November erscheint das philosophische Hauptwerk Steiners, »Die Philosophie der Freiheit«.

1894

Nietzsches Schwester, Elisabeth Förster-Nietzsche, begegnet Steiner am Goethe-Schiller-Archiv und lädt ihn in das Nietzsche-Haus nach Naumburg ein. Zahlreiche Besuche Steiners finden von da ab in Naumburg statt. Er soll Nietzsches Bibliothek ordnen.

Bei seinem ersten Aufenthalt im Haus Nietzsche führt die Schwester Steiner zu ihrem umnachteten Bruder.

»Da lag der Umnachtete mit der wunderbar schönen Stirne, Künstler und Denkerstirne zugleich, auf dem Ruhesofa. Es waren die ersten Nachmittagsstunden. Diese Augen, die im Erloschensein noch durchseelt wirkten, nahmen nur noch ein Bild der Umgebung auf, das keinen Zugang zur Seele mehr hatte. Man stand da, und Nietzsche wußte nichts davon. Und doch hätte man von dem durchgeistigten Antlitz glauben können, daß es der Ausdruck einer Seele wäre, die den ganzen Vormittag Gedanken in sich gebildet hatte, und die nun eine Weile ruhen wollte. Eine innere Erschütterung, die meine Seele ergriff, durfte meinen, daß sie sich in Verständnis für den Genius verwandle, dessen Blick auf mich gerichtet war, mich aber nicht traf. Die Passivität dieses lange Zeit verharrenden Blickes löste das Verständnis des eigenen Blickes aus, der die Seelenkraft des Auges wirken lassen durfte, ohne daß ihm begegnet wurde.«[17]

Später trüben schwere Konflikte das Verhältnis zwischen Elisabeth Förster-Nietzsche und Steiner, die im Unverständnis von Nietzsches Schwester für das Werk des Bruders und der daraus resultierenden moralischen Schwäche zu suchen sind. – Am 60. Geburtstag Ernst Haeckels begegnet ihm Steiner in Jena zum erstenmal.

»So lernte ich Haeckel persönlich kennen. Er war eine bezaubernde Persönlichkeit. Ein Augenpaar, das naiv in die Welt blickte, so milde, daß man das Gefühl hatte, dieser Blick müßte sich brechen, wenn Schärfe des Denkens sich durch ihn durchdränge. Der konnte nur Sinneseindrücke vertragen, nicht Gedanken, die sich in den Dingen und Vorgängen offenbaren. Jede Bewegung an Haeckel war darauf gerichtet, gelten zu lassen, was die Sinne aussprechen, nicht den beherrschenden Gedanken in ihr sich offenbaren zu lassen. Ich verstand, warum Haeckel so gerne malte. Er ging in der Sinnesanschauung auf. Wo er beginnen sollte, zu denken, da hörte er auf, die Seelentätigkeit zu entfalten und hielt lieber das Gesehene durch den Pinsel fest. So war die eigene Wesenheit Haeckels. Hätte er nur sie entfaltet, etwas ungemein reizvoll Menschliches hätte sich geoffenbart.«[18]

Mitwirkung an der Herausgabe von Schopenhauers sämtlichen Werken bei Cotta, für die Steiner eine Kurzbiographie Schopenhauers verfaßt.

1895

Das Ergebnis der Nietzsche-Studien erscheint als Buch: »Friedrich Nietzsche, ein Kämpfer gegen seine Zeit«.

»Als ich vor sechs Jahren die Werke Friedrich Nietzsches kennen lernte, waren in mir bereits Ideen ausgebildet, die den seinigen ähnlich sind. Unabhängig von ihm und auf anderen Wegen als er, bin ich zu Anschauungen gekommen, die in Einklang stehen mit dem, was Nietzsche in seinen Schriften ›Zarathustra‹, ›Jenseits von Gut und Böse‹, ›Genealogie der Moral‹ und ›Götzen-Dämmerung‹ ausgesprochen hat. Schon in meinem 1886 erschienenen kleinen Buche ›Erkenntnistheorie der Goetheschen Weltanschauung‹ kommt dieselbe Gesinnung zum Ausdruck wie in den genannten Werken Nietzsches. Dies ist der Grund, warum ich mich gedrängt fühlte, ein Bild von dem Vorstellungs- und Empfindungsleben Nietzsches zu zeichnen.«[19]

1896

Steiner dementiert Nachrichten, denen zufolge er an einer geplanten Nietzsche-Gesamtausgabe beteiligt sei. – Die Arbeiten an der Goethe-Sophien-Ausgabe sind abgeschlossen. Der letzte Band »Allgemeine Naturlehre« liegt vor. Ebenfalls abgeschlossen ist das Buch »Goethes Weltanschauung«. Der Band erscheint im folgenden Jahr.

1897

Die Mitarbeit Rudolf Steiners am Goethe-Schiller-Archiv ist beendet. Jean-Pauls »Ausgewählte Werke« in acht Bänden erscheinen bei Cotta. Steiner ist an der Herausgabe beteiligt und leitet in das Werk ein. Übersiedlung nach Berlin: Zusammen mit O. E. Hartleben dort Herausgabe und Redaktion des »Magazins für Literatur« und der dazugehörenden »Dramaturgischen Blätter«. – In der Dreyfus-Affäre ergreift Steiner Partei für Alfred Dreyfus und Emile Zola, der sich in einem offenen Brief (»J'accuse«) für Dreyfus eingesetzt hatte.

»Zolas Persönlichkeit scheint mit jedem Tag vor uns zu wachsen. Es ist, als lernten wir ihn erst jetzt ganz verstehen. Der fanatische Wahrheitssinn, der ihm eigen ist, hat uns in seinen Kunstschöpfungen doch oft gestört. Jetzt, wo ihn dieser Wahrheitsfanatismus in einer rein menschlichen Sache zu kühmem, heldenmäßigem Handeln führt, können wir nur Gefühle rückhaltloser Zustimmung, Verehrung haben. Was er seit Jahrzehnten als Künstler angestrebt hat, die reine, nackte Wahrheit zum Siege zu bringen: das stellte er sich jetzt in einer Angelegenheit zur Aufgabe, die er durch Lüge, Verleumdung, Feigheit, Eitelkeit und jämmerliches Vorurteil entstellt glaubt. Man mag über den unglücklichen Hauptmann auf der Teufelsinsel denken, wie man will: die Art, wie sich Emile Zola seiner Sache annimmt, wird immer zu den bemerkenswertesten Erscheinungen unserer Zeit gehören ...«[20]

1898

Erste Begegnung Steiners mit dem Publizisten und Dichter Ludwig Jacobowski. Für Jacobowskis Zeitschrift »Die Gesellschaft« liefert Steiner zahlreiche Aufsätze. Zwischen Jacobowski, der bereits 1900 als 30-jähriger stirbt, und Rudolf Steiner entwickelt sich eine enge Freundschaft. Um Jacobowski bildet sich der Kreis »Die Kommenden«, dem auch Steiner und zahlreiche Dichter, Künstler, Wissenschaftler angehören: Pfitzner, Else Lasker-Schüler, Stefan Zweig u. a.

»Er gründete eine Gesellschaft »Die Kommenden«, die aus Literaten, Künstlern, Wissenschaftlern und künstlerisch interessierten Persönlichkeiten bestand. Da versammelte man sich jede Woche einmal. Dichter brachten ihre Dichtungen vor. Vorträge über die mannigfaltigsten Gebiete des Erkennens und Lebens wurden gehalten. Ein zwangloses Zusammensein schloß den Abend. Ludwig Jacobowski war der Mittelpunkt des sich immer mehr vergrößernden Kreises. Jeder liebte die liebenswürdige, ideenerfüllte Persönlichkeit, die in dieser Gemeinschaft sogar feinen, edlen Humor entfaltete.«[21]

Über Rudolf Steiner in diesem Kreis berichtet Stefan Zweig:

»In seinen dunklen Augen wohnte eine hypnotische Kraft, und ich hörte ihm besser und kritischer zu, wenn ich nicht auf ihn blickte, denn sein asketisch-hageres, von geistiger Leidenschaft gezeichnetes Antlitz war wohl angetan, nicht nur auf Frauen überzeugend zu wirken. (...) Es war aufregend ihm zuzuhören, denn seine Bildung war stupend und vor allem gegenüber der unseren, die sich allein auf Literatur beschränkte, großartig vielseitig; von seinen Vorträgen und manchem guten privaten Gespräch kehrte ich immer zugleich begeistert nach Hause zurück. Trotzdem – wenn ich mich heute frage, ob ich damals diesem jungen Manne eine derartige philosophische und ethische Massenwirkung prophezeit hätte, muss ich es zu meiner Beschämung verneinen.«[22]

1899

Rudolf Steiner heiratet Anna Eunike. Einer der Trauzeugen ist John Henry Mackay, den mit Steiner eine enge Freundschaft verbindet. Beginn der Lehrtätigkeit an der von Wilhelm Liebknecht begründeten Arbeiterbildungsschule in Berlin. Steiner hält dort Vorträge über Geschichte, Literatur, Rethorik usw.

»In dieser für mich schweren Zeit trat nun der Vorstand der Berliner Arbeiterbildungsschule an mich heran mit dem Ersuchen, ich solle in dieser Schule den Unterricht in Geschichte und ›Rede‹-Übungen übernehmen. Mich interessierte zunächst der sozialistische Zusammenhang, in dem die Schule stand, wenig. Ich sah die schöne Aufgabe vor mir, gereifte Männer und Frauen aus dem Arbeiterstande zu belehren. Denn junge Leute waren wenige unter den ›Schülern‹. Ich erklärte dem Vorstande, wenn ich den Unterricht übernähme, so würde ich ganz nach meiner Meinung von dem Entwickelungsgange der Menschheit Geschichte vortragen, nicht in dem Stil, wie das nach dem Marxismus jetzt in sozialdemokratischen Kreisen üblich ist. Man blieb dabei, meinen Unterricht zu wünschen.«[23]

Die Tätigkeit an der Arbeiterbildungsschule erstreckte sich über fünf Jahre. Auch sie brachte für Steiner zahlreiche wertvolle Begegnungen – aus einer »anderen Welt«. Er lernte eine andere Welt des Proletariats und ihre Führer kennen. – Der Aufsatz »Goethes geheime Offenbarung« erscheint und leitet zum Esoteriker Steiner über.

1900

In einem Berliner Zirkus hält Steiner vor 7000 Setzern und Druckern eine Festrede zum 500. Geburtstag Gutenbergs. – In Weimar stirbt Friedrich Nietzsche. Im Kreis der »Kommenden« hält Steiner eine Gedächtnisrede: »Die Persönlichkeit Nietzsches«. – Einladung zum ersten Vortrag in die »Theosophische Bibliothek« im Haus des Grafen Brockdorff: Dort begegnet Steiner zum erstenmal der Theosophie Helena Petrowna Blavatskys und Annie Besants. Im Kreis der »Theosophischen Bibliothek« lernt Steiner seine spätere zweite Frau Marie von Sivers kennen. Eine Reihe von (weiteren) Vorträgen zum Thema Mystik folgen bis April 1901. Sie werden als Buch herausgegeben: »Die Mystik im Aufgange des neuzeitlichen Geisteslebens und ihr Verhältnis zur modernen Weltanschauung«.

»Ich hoffe in meiner Schrift gezeigt zu haben, daß man ein treuer Bekenner der naturwissenschaftlichen Weltanschauung sein und doch die Wege nach der *Seele* aufsuchen kann, welche die richtig verstandene *Mystik* führt. Ich gehe sogar noch weiter und sage: Nur wer den Geist im Sinne der wahren Mystik erkennt, kann ein volles Verständnis der Tatsachen in der Natur gewinnen. Man darf wahre Mystik nur nicht verwechseln mit dem ›Mystizismus‹ verworrener Köpfe. Wie die Mystik irren kann, habe ich in meiner ›Philosophie der Freiheit‹ gezeigt.«[24]

Rudolf Steiner beendet seine Tätigkeit für das »Magazin der Literatur«.

»Mit Ende September 1900 konnte ich das ›Magazin‹ in andere Hände übergehen lassen. Die mitgeteilten Tatsachen zeigen, daß mein Ziel nach einem Mitteilen des Inhalts der Geistwelt schon *vor* dem Aufgeben des ›Magazin‹ aus meiner Seelenverfassung heraus eine Notwendigkeit geworden war, daß es nicht etwa mit der Unmöglichkeit, das ›Magazin‹ weiterzuführen, zusammenhängt.

Wie in das meiner Seele vorbestimmte Element ging ich in eine Betätigung, die ihre Impulse in der Geist-Erkenntnis hatte, hinein. Aber ich habe auch heute noch das Gefühl, daß, wenn nicht die hier geschilderten Hemmnisse vorhanden gewesen wären, auch mein Versuch durch das naturwissenschaftliche Denken hindurch zur Geist-Welt zu führen, ein aussichtsvoller hätte werden können. Ich schaue zurück auf das, was ich von 1897 bis 1900 ausgesprochen habe, als auf etwas, das gegenüber der Denkweise der Zeit hat einmal ausgesprochen werden müssen; und ich schaue andrerseits zurück als auf etwas, in dem ich meine intensivste geistige Prüfung durchgemacht habe. Ich habe gründlich kennengelernt, wo die vom Geiste wegstrebenden Kultur-auflösenden, Kulturzerstörenden Kräfte der Zeit liegen. Und aus dieser Erkenntnis hat sich mir vieles zu der Kraft hinzugesetzt, die ich weiterhin brauchte, um aus dem Geiste heraus zu wirken.«[25]

Im Mai stirbt Ludwig Jacobowski 30-jährig. Steiner hält die Trauerrede für seinen Freund.

»Alles an Ludwig Jacobowski war liebenswert; seine innere Tragik, sein Herausstreben aus dieser zu seinen ›leuchtenden Tagen‹, seine Hingabe an das bewegte Leben. Ich habe das Andenken an unsere Freundschaft stets lebendig im Herzen bewahrt und sehe auf die kurze Zeit unseres Zusammenlebens mit inniger Hingabe an den Freund zurück.«[26]

1901
Steiners Vortragstätigkeit wird intensiver: Über einhundert Veranstaltungen werden schon in diesem Jahr registriert. Zweiter Vortragszyklus über »Das Christentum als mystische Tatsache«. Als Buch erscheinen die »Welt- und Lebensanschauungen im 19. Jahrhundert« (Titel später: »Die Rätsel der Philosophie«.) – Vortragszyklus bei den »Kommenden«: »Von Buddha zu Christus«.

1902
Steiner wird Mitglied und Leiter der Deutschen Sektion der Theosophischen Gesellschaft.

Marie von Sivers wird Sekretärin der Theosophischen Bibliothek in Berlin. Sie hat maßgeblichen Anteil am Aufbau der deutschen theosophischen Sektion.

Rege Vortragstätigkeit Steiners in zwei Jahre zuvor gegründeten »Giordano-Bruno-Bundes«.

Rudolf Steiner reist zusammen mit Marie von Sivers nach London zum Kongreß der internationalen Theosophischen Gesellschaft. Erste persönliche Kontakte mit Annie Besant und H. S. Olcott.

»Ich habe, als ich 1902 zum ersten Male in London auf dem Kongresse der Theosophischen Gesellschaft sprach, gesagt: Die Vereinigung, die die einzelnen Sektionen bilden, soll darin bestehen, daß eine jede nach dem Zentrum bringt, was sie in sich birgt; und ich betonte scharf, daß ich für die deutsche Sektion dies vor allem beabsichtige. Ich machte deutlich, daß *diese* Sektion niemals sich als Trägerin festgesetzter Dogmen, sondern als Stätte selbständiger geistiger Forschung betätigen werde, die sich bei den gemeinsamen Zusammenkünften der ganzen Gesellschaft über die Pflege echten Geisteslebens verständigen möchte.«[27]

Im Oktober folgt die »offizielle« Gründung der deutschen Sektion der internationalen Theosophischen Gesellschaft, deren Generalsekretär Rudolf Steiner wird.

Vortragszyklus »Von Zarathustra bis Nietzsche« im Verein »Die Kommenden«. – »Das Christentum als mystische Tatsache« erscheint als Buch. – Steiner wird Herausgeber der Zeitschrift »Lucifer«, die sich später »Lucifer Gnosis« nennt.

»In der Monatsschrift ›Lucifer Gnosis‹ konnte ich zur ersten Veröffentlichung bringen, was die Grundlage für anthroposophisches Wirken wurde. Da erschien denn zuerst, was ich über die Anstrengungen zu sagen hatte, die die menschliche Seele zu machen hat, um zu einem eigenen schauenden Erfassen der Geist-Erkenntnis zu gelangen. ›Wie erlangt man Erkenntnisse der höheren Welten?‹ erschien in Fortsetzungen von Nummer zu Nummer. Ebenso ward der Grund gelegt zur anthroposophischen Kosmologie durch die fortlaufenden Aufsätze ›Aus der Akasha-Chronik‹.«[28]

Im Rahmen der Tätigkeit in der Arbeiterbildungsschule Begegnung mit Rosa Luxemburg.

1902–1909

Diese sieben Jahre gelten als die Jahre der Herausbildung der Anthroposophie. Marie Steiner:

»Im Jahre 1902 entschloß sich Rudolf Steiner, unserer dem Chaos zusteuernden materialistischen Zivilisation einen neuen Einschlag zu geben durch eine erkenntnismäßig begründete Darlegung der Geisteswissenschaft. Seine lückenlose Beherrschung aller kulturellen Wissensgebiete – der physikalischen und Naturwissenschaften, der Mathematik, der Philosophie, der Literaturen, der Geschichte, der Kunst- und Kulturgeschichte – gab ihm die nötige Befugnis, sein Wissen vom Übersinnlichen auf einer festen Grundlage aufzubauen und in die Denkformen der Gegenwart einzukleiden. Allen Einwänden konnte er begegnen; denn er hatte sie sich selbst vorher gemacht. Er war in der Lage, die Mängel des gescheiten, aber kurzatmigen Denkens der Gegenwart aufzudecken. Dadurch zog er sich den Haß der Vertreter materialistischer und konfessioneller Denkrichtungen zu. Denn er hatte sich die Aufgabe gestellt, dem Dogma des Ignorabismus, der unverrückbaren Erkenntnisgrenzen, entgegenzutreten, den Menschen darzulegen, daß die Seele die Forschungswege betreten könne, die weit über das Sinnenfällige hinausgehen, und daß der Erweiterung ihrer Erkenntnismöglichkeiten keineswegs physikalisch-sinnliche Grenzen gesetzt sind. Er wurde der Verkünder einer konkreten geistigen Welt.«[29]

1903

Steiner setzt seine intensive Vortragstätigkeit vor allem in Berlin, Weimar, Köln und Hamburg fort. Beginn der langjährigen öffentlichen Vorträge im Architektenhaus in Berlin. Dazu Marie Steiner:

»Im Frühjahr 1903 beginnt die öffentliche Vortragstätigkeit für Geisteswissenschaft im Berliner Architektenhaus. Im Frühjahr 1904 wurden im Architektenhaus Themen behandelt, die den Keim enthalten zu den späteren bahnbrechenden Arbeiten Rudolf Steiners auf pädagogischem und sozialem Gebiet. Sie sind zusammengefaßt unter dem Titel: Theosophische Seelenlehre. Eine andere Vortragsserie fand statt im Vereinshaus, Wilhelmstraße 118, Berlin. Rudolf Steiner versuchte darin, Aufklärung zu geben über jene Grenzgebiete zwischen sinnlicher und übersinnlicher Welt, welche die Aufmerksamkeit der Wissenschaft auf sich richteten und für Unwissende so viel Gefahren bergen. Er sprach dort über Theosophie und Spiritismus (...), Theosophie und Somnabulismus (...), Geschichte des Spiritismus, Geschichte des Hypnotismus und des Somnabulismus. Diese Themen waren auch Gegenstand von Vorträgen, die vom April an jeden zweiten Montag im Monat im Architektenhaus gehalten wurden. (...) Die im Herbst 1904 im Architektenhaus gehaltenen Vorträge sind vor allem dazu bestimmt, die wissenschaftliche Grundlage der Anthroposophie auszubauen. Es folgte im Frühjahr 1905 die Auseinandersetzung mit den Fakultäten. Im Oktober 1905 begann die Vortragsreihe mit einem Vortrag über Haeckel, die Welträtsel und die Theosophie.«[30]

Es erscheint die Schrift »Reinkarnation und Karma«.

1904

Rudolf Steiner legt zwei wichtige Werke vor: »Theosophie« und »Wie erlangt man Erkenntnisse höherer Welten?«, das wichtigste Schulungsbuch der Anthroposophie. Von 1904 bis 1908 erscheint die Aufsatzreihe »Aus der Akasha-Chronik« in »Lucifer Gnosis«.

Auf dem internationalen Theosophen-Kongreß in Amsterdam spricht Steiner über »Mathematik und Okkultismus«. Dazu kommen Vorträge in Stuttgart (»Goethe als Theosoph«), München, Köln, Heidelberg und vielen anderen deutschen Städten. Stuttgart und München werden Zentren seiner Vortragstätigkeit. Auch im Ausland werden Auftritte Steiners häufiger. Zum erstenmal kommt der Leiter der deutschen Theosophie in die Schweiz (Zürich und Lugano).

Der erste öffentliche Vortrag in München im November 1904 (Thema: »Die Wahrheit in der Theosophie und ihre Bedeutung für die Menschen«) wird vom Gründer der theosophischen Studenten-Vereinigung, Ludwig Kleeberg, besucht. Kleeberg:

»Ich stellte ihn mir vor wie einen Brahmanen mit großem, dunklem Bart und mit langem weitem Mantel. Statt dessen ein Mann, der eher einem Humanisten wie Erasmus von Rotterdam glich. Er hatte Mittelgröße, schien aber groß zu sein. Sein Gesicht war bartlos, mit charakteristischer, den Denker auszeichnender Bildung, mit scharf geschnittener, etwas gebogener Nase – im ganzen edel. Das glänzend schwarze Haar war lang nach hinten gekämmt, eine Strähne hatte immer das Bestreben, auf der linken Stirnseite abzugleiten. Unter dem Kragen trug er einen wallenden Schlips. So stand er jetzt im Saal, überschaute mit seinem Blicke die überaus zahlreiche Zuhörerschaft und bestieg die Rednertribüne. Er begann seinen Vortrag. Der Blick, zuerst nach außen gewendet, schien mitunter nach innen gekehrt. Er sprach aus einer inneren Anschauung heraus. Die Sätze formten sich unter dem Sprechen. Es war Kraft in seinen Worten. Eine unverkennbar österreichische Färbung der Sprache gab dieser etwas Ursprüngliches, Urkräftiges, Erdgewachsenes und sogar Liebenswürdiges. Gegen den Schluß, wogegen der Anfang langsam, fast zögernd war, als spreche er wie aus einem Traum, steigerte sich seine Rede zu symphonischer Macht, bis er die Krönung in einer siegreichen Schlußkadenz fand.«[31]

1905

Im Januar beendet Steiner seine Tätigkeit an der Berliner Arbeiterbildungsschule. – Erneut findet der internationale Theosophen-Kongreß in London statt. Steiner referiert dort über »Die okkulte Grundlage in Goethes Schaffen«. – Rudolf Steiner setzt sich immer deutlicher von der internationalen Theosophischen Gesellschaft ab. Die Distanz der internationalen Gesellschaft zu Steiners Christusverständnis ließ sich nur durch die weitgehende Eigenständigkeit der deutschen Sektion überbrücken.

Wieder zahlreiche Vorträge in Stuttgart und München. Erste Auftritte im Elsaß: Colmar und Straßburg. – Fortsetzung der Vortragstätigkeit im Berliner Architektenhaus.

1906

Der jährliche internationale Theosophenkongreß findet diesmal in Paris statt. Steiner referiert über »Theosophie in

Deutschland vor hundert Jahren«. Dem Kongreß schließt sich ein längerer Aufenthalt in Paris an, den Steiner für einen 18teiligen Vortragszyklus nutzt:

»Im Pariser Zyklus von Vorträgen habe ich eine Anschauung vorgebracht, die eine lange ›Reifung‹ in meiner Seele hat durchmachen müssen. Nachdem ich auseinandergesetzt hatte, wie sich die Glieder der Menschenwesenheit: physischer Leib, Ätherleib – als Vermittler der Lebenserscheinungen –, Astralleib – als Vermittler der Empfindungs- und Willenserscheinungen – und der ›Ich-Träger‹ im allgemeinen zueinander verhalten, teilte ich die Tatsache mit, daß der Ätherleib des Mannes weiblich, der Ätherleib der Frau männlich ist. Damit war innerhalb der Anthroposophie ein Licht geworfen auf eine Grundfrage des Daseins, die gerade damals viel behandelt worden ist.«[32]

In Paris findet die erste Begegnung zwischen Steiner und dem französischen Schriftsteller Edouard Schuré statt. Zwischen beiden entsteht eine langjährige Freundschaft, die durch die Kriegsereignisse 1914/18 allerdings erheblich getrübt wurde.

In der französischen Hauptstadt: Begegnung und Auseinandersetzung zwischen Dimitrij Sergewitsch Mereschkowski und Rudolf Steiner. – Vorträge in Stuttgart (»Vor dem Tore der Theosophie«), Leipzig und München (über Johannes-Evangelium).

1907

Annie Besant wird Präsidentin der Theosophical Society. Die Distanz zwischen der deutschen Sektion und der internationalen Gesellschaft wird größer. Auf dem Jahreskongreß der Weltgesellschaft, diesmal in München, spricht Steiner über »Die Einweihung des Rosenkreuzers«. – In Basel weitere Vortragsreihe über das Johannes-Evangelium, Zyklen in Kassel (Rosenkreuzer) und Hannover. Erste Zusammenkunft mit Medizinstudenten. – Begegnung mit dem späteren Schweizer Dichter Albert Steffen im Berliner Architektenhaus bei einem Vortrag Steiners über Goethes »Wilhelm Meister«. Steffen:

»Ich erkannte sogleich den Menschheitsführer: die Weisheit in der Stirn, die Liebe im Auge, das Gewissen im Worte. Jede Gebärde war ein Ausdruck der Harmonie, in Freiheit geformt, künstlerisch. (...) Während er sprach, beschloß ich der Begegnung erst würdig zu werden, indem ich mich umwandelte. Ich ging nach dem Vortrag still weg, auf die Gefahr hin, ungezogen zu erscheinen. Arbeit an mir selbst ward mehr als jemals meine Losung.«[33]

1908

Steiner hält sich mehrere Wochen lang in Skandinavien auf. Erste Vorträge in Kristiania (Oslo). Vorträge in Hamburg und Nürnberg. Themen: Das Johannes-Evangelium und die Apokalypse. Margarita Woloschin:

»Abends gingen wir zum Vortrag. Ein blauer Saal – die Fenster gingen über die ganze Wand und waren mit einem Vorhang aus zarter, gelber Seide verdeckt. Davor stand er, als er sprach. Er war von einem weißen Gas-Kronleuchter beleuchtet, sehr blaß, ganz von goldenem Licht umgeben, mit übermenschlichen Augen, übermenschlicher Liebe und übermenschlicher Gewalt. Er sprach ganz anders als in Berlin, und so wie er gestern aussah, habe ich ihn noch nie gesehen. Ein Strauß von Maiglöckchen stand vor ihm. Er sprach vom Anfang des Johannes-Evangeliums, vom stummen Geschöpf und vom Wort und vom Maiglöckchen, das er in die Hand nahm – wie mir schien, die ganze Zeit vom Maiglöckchen. Seine Stimme schwand, unentschieden, ob sie ins Irdische zurückkehren sollte, starb ab, um neu wieder aufzuerstehen – noch einmal und noch einmal. Großartiger Sieg. Wer kann diese Ewigkeit, die menschliche Form angenommen hat, in sich aufnehmen?«[34]

Vortragsreihe in Stuttgart und Leipzig. – Wassily Kandinsky hört Steiner im Berliner Architektenhaus. Er wird von Steiner inspiriert, sein Werk von der Anthroposophie wesentlich mitbeeinflußt.

1909

Rudolf Steiner reist immer rastloser von Vortrag zu Vortrag: In Kassel spricht er über das Johannes-Evangelium, in Basel über das Lukas-Evangelium. Erneuter Zyklus in Kristiania über »Theosophie anhand der Apokalypse«. Auftritte auch in Düsseldorf und München. Steiner bricht zur ersten Vortragsreise nach Rom auf. Die Architektenhausvorträge in Berlin gehen ohne Unterbrechungen weiter.

Zu ihrem Weltkongreß reisen die Theosophen nach Budapest. Die Veranstaltung unterstreicht erneut die Tendenz zur Trennung der deutschen Sektion von der internationalen Gesellschaft, die greifbar nahe zu sein scheint. Aber noch einmal gehen Annie Besant und Rudolf Steiner im Sinne eines »gütlichen Vergleichs« auseinander.

Bereits im Januar erste Begegnung zwischen Christian Morgenstern und Steiner. Morgenstern wird Mitglied der Theosophischen Gesellschaft und bleibt bis zu seinem Tod 1914 eng mit Steiner verbunden.

1910

»Die Geheimwissenschaft im Umriß« erscheint. Zwischen 1910 und 1913 entstehen die Mysteriendramen. Das erste Drama wird in München aufgeführt. Titel: »Pforte der Einweihung«. – Vorträge und Zyklen in München, Bern, Stockholm u. a. (über Schöpfungsgeschichte, Matthäus-Evangelium, Johannes-Evangelium). Weitere Vortragsreisen nach Kristiania und Rom. – Steiner gibt zum erstenmal Hinweise auf die für dieses Jahrhundert zu erwartende Christuserscheinung. – Albert Steffen tritt der Theosophischen Gesellschaft bei. – Erste Begegnung Steiners mit Alexander von Bernus in München. Eine langjährige, enge und freundschaftliche Verbindung entsteht. Johann Steiner, der Vater, stirbt in Horn (Österreich).

1911

Das Ende der deutschen Sektion der Theosophischen Gesellschaft ist unabwendbar. Die Theosophen sehen in dem indischen Jungen Krishnamurti den erwarteten »Weltenlenker«, die Wiederkunft Christi. Die Gründung des »Order of the Rising Sun« für Krishnamurti 1911 beschleunigt den erwarteten Bruch Steiners mit der internationalen Gesellschaft. Während der Generalversammlung der (deutschen) Theosophischen Gesellschaft in Berlin wird ein »Bund für anthroposophische Arbeit« gegründet, eine Vorstufe zur Gründung der Anthroposophischen Gesellschaft. – Der Gedanke eines zentralen anthroposophischen Baus soll verwirklicht werden. In München wird der »Johannesbau-Verein« gegründet. Pläne, in München zu bauen, werden bald wieder aufgegeben. – Auf dem 4. Internationalen Philosophen-Kongreß spricht Steiner über »Die psychologischen Grundlagen und die erkenntnistheoretische Stellung der Anthroposophie«. – Weiter zahlreiche Vorträge und Vortragsreihen: Darunter in Kopenhagen über »Die geistige Führung des Menschen und der Menschheit«. Dieser Zyklus erscheint noch im gleichen Jahr als Buch. – Das zweite Mysteriendrama (»Die Prüfung der Seele«) wird in München uraufgeführt. – Steiner begegnet dem protestantischen Pfarrer Friedrich Rittelmeyer. Dazu Rittelmeyer:

»An Goethes Geburtstag, am 28. August 1911, sah ich Rudolf Steiner zum erstenmal. Ich hatte mir eine kleine Reise so eingerichtet, daß ich sonntags an der theosophischen Sommertagung in München teilnehmen konnte. Ein halbes Jahr hatte ich nun in meiner freien Zeit fast ausschließlich Schriften Dr. Steiners gelesen. Aber noch lag es mir ganz fern, der anthroposophischen Gesellschaft mich zu verbinden. Man gab mir trotzdem die Freiheit, ohne Verpflichtung an allem Anteil zu nehmen. (...) Nach dem Vortrag sah ich nicht ohne Lächeln, wie der gefeierte Mann kernbildend wirkte für einen Verehrerkreis. Er konnte kaum vorwärts kommen, ohne einen seiner Anhänger totzutreten. Auch dies wurde in späteren Jahren besser, als man mehr wußte, was man ihm schuldig war. Damals ließ ich mich dadurch aber nicht abhalten, ihm doch auch selbst über den Weg zu gehen, und war gespannt, wie das ausgehen würde. (...) Nur für einen ganz flüchtigen Augenblick sah mich Rudolf Steiner an. Dann schlug er den Blick zu Boden. Das schien mir ein Verfahren, um rasch das geistige Wesen eines Menschen vor sich zu haben. Dann sagte er trocken: ›Wenn Sie schon heute vormittag da waren, können Sie auch heute abend kommen‹, und ging weiter. Das war mein erstes Gespräch mit ihm.«[35]

In Prag spricht Steiner über »Okkulte Physiologie«. Dort begegnet er Franz Kafka. – Anna Steiner, die von ihrem Mann getrennt lebt, stirbt zu Beginn des Jahres.

1912

Im Herbst beginnen die Vorarbeiten zur Gründung der Anthroposophischen Gesellschaft. Beginn des Kölner Zyklus »Die Bhagavadgita und die Paulusbriefe«.

»Gewissermaßen stehen wir heute am Ausgangspunkt der Begründung der Anthroposophischen Gesellschaft im engeren Sinne und dürfen gerade bei einer solchen Gelegenheit uns auch wieder erinnern der Wichtigkeit und Bedeutung unserer Sache. Zwar soll ja dasjenige, was die Anthroposophische Gesellschaft für die neuere Kultur sein will, sich durchaus nicht prinzipiell von dem unterscheiden, was wir hier innerhalb unserer Kreise als Theosophie immer getrieben haben. Aber vielleicht darf diese Hinzufügung eines neuen Namens doch unsere Seelen wiederum erinnern an den Ernst und die Würde, mit denen wir innerhalb unserer Geistesströmung arbeiten wollen, und von diesem Gesichtspunkt aus ist auch das Thema dieses Vortragszyklus gewählt worden. Ein Thema wollen wir besprechen im Ausgangspunkt unserer Anthroposophischen Sache, welches in der mannigfaltigsten Weise geeignet sein wird, uns auf die Wichtigkeit und Bedeutsamkeit unserer geistigen Strömung für das Kulturleben der Gegenwart hinzuweisen.«[36]

Steiner hält Vorträge über das Markus-Evangelium in Köln und Basel, Zyklen und Einzelvorträge in München, Bern, St. Gallen, Wien, Klagenfurt, Graz, Prag, Kopenhagen ...
  Das dritte Mysteriendrama (»Hüter der Schwelle«) erscheint. Zum ersten Mal wird hier die Eurythmie als Bewe-

gungskunst dargestellt. – Es erscheint »Ein Weg zur Selbsterkenntnis des Menschen« in acht Meditationen.

1913

Am 3. Februar Begründung der Anthroposophischen Gesellschaft in Berlin. Carl Unger, Marie von Sivers und Michael
Bauer bilden den Vorstand der neuen Gesellschaft. Steiner
übernimmt die »Funktion« des Lehrers und Beraters. Am Vor-
tag war die deutsche Sektion der Theosophischen Gesellschaft
zum letzten Mal zusammengetroffen. Sie wird aus der internationalen Gesellschaft ausgeschlossen. – Der Johannesbau soll
in Dornach in der Schweiz entstehen. Am 20. September 1913
ist Grundsteinlegung. In der Bayern-Hauptstadt war keine
Baugenehmigung erteilt worden. – Das vierte Mysterien-
Drama (»Der Seelen Erwachen«) wird in München uraufgeführt. – Begegnung mit Nikolaj Berdjajew. – Vorträge und Zyklen in: Helsingfors, Finnland (»Die okkulten Grundlagen der
Bhagavadgita«), Berlin (»Die Mysterien des Morgenlandes
und das Christentum«) und zahlreichen weiteren Städten in
Deutschland, Großbritannien, Österreich, Frankreich, Däne-
mark, Schweden. Pieter de Haan hörte Steiner in London:

»Meine Arbeit brachte mich 1913 nach London, wo ich das Glück hatte,
Dr. Steiner wieder begegnen zu dürfen und auch Fräulein Marie von
Sivers kennen zu lernen. – Hier sprach Rudolf Steiner über die Erscheinung des Christus in der Ätherwelt (Mai 1913). In seinen Vorträgen
offenbarte sich eine Seite seines Wesens, die in gewöhnlichem Umgang
nicht so zum Vorschein kam. Wenn er seinen Vortrag hielt, dann war es,
als ob die geistige Welt sich öffnete und als wenn die anwesenden Menschen nicht mehr die Hauptsache wären. (...) Man fühlte sich verbunden mit dem Weltgeschehen, man fühlte sich als Teil davon, und man
erlebte, daß alle anthroposophische Arbeit darin eingeschlossen war.
Da stand dann Rudolf Steiner vor uns als der große Eingeweihte. Das
war immer von neuem ein großes Erleben bei jedem Vortrag, den er
hielt.«[37]

Steiners »Die Schwelle der geistigen Welt – Aphoristische Aus-
führungen« erscheint.

1914

In Dornach wird Richtfest für den Bau gefeiert. Emil Leinhas:

»Voll freudiger Erwartung, den Bau zum erstenmal mit eigenen Augen
zu sehen, fuhr ich, nach Überwindung einiger Grenzschwierigkeiten,

mit einem in Mannheim gemieteten Auto auf der Straße über Aesch Fnach Dornach. Von dieser Straße aus sah man das Baugerüst mit den beiden Kuppeln von weitem schieferglänzend herüber strahlen. Es war ein erhebender Anblick. – Bald war ich am Fuße des Hügels angelangt und schritt nun auf den vom Regen und dem großen Fuhrwerksverkehr stark aufgeweichten Wegen zum Bau hinauf. Von den Bauformen waren wegen der Gerüste nur die Umrisse zu erkennen. Auch das Innere war ganz voll Gerüstwerk.

Am Abend fand in der Schreinerei ein Vortrag Rudolf Steiners statt. Der Raum wies damals noch keinerlei Bestuhlung auf. Er diente ganz als Schreinerwerkstatt. Die Zuhörer ließen sich auf den herumliegenden Brettern, Balken und Geräten nieder. Fast alle Anwesenden waren in irgendeiner Weise als Mitarbeiter am Bau tätig. Während man in der Ferne den Donner der schweren Geschütze aus dem Elsaß und vom Isteiner Klotz her vernahm, waren hier Vertreter von siebzehn verschiedenen Nationen, deren Angehörige zum größten Teil gegeneinander im Krieg lagen, versammelt, um gemeinsam einen wirklichen Friedensbau zu errichten, der bestimmt sein sollte, einmal der ganzen Menschheit zu dienen.«[38]

Christian Morgenstern stirbt im März. – Im August Begegnung zwischen Generalstabschef von Moltke und Steiner. – An Heiligabend heiraten Marie von Sivers und Rudolf Steiner. – Vorträge in Schweden über »Christus und die menschliche Seele«, Zyklen und Vorträge in Wien (»Inneres Wesen des Menschen – und Leben zwischen Tod und neuer Geburt«), Basel (»Okkultes Lesen und Okkultes Hören«), Chartres, München, Berlin, Hamburg, Dornach u. a.

1915

Intensive Arbeit am Dornacher Bau. Zyklen: »Menschenschicksale und Völkerschicksale« (Berlin), »Wege der geistigen Erkenntnis und der Erneuerung der künstlerischen Weltanschauung« (Dornach) u. a.

1916

Bruch zwischen Schuré und Steiner. Vortragsreisen nach Bern (»Die geistige Vereinigung der Menschheit durch den Christus-Impuls«), Berlin (»Weltwesen und Ichheit«), Dornach (»Zeitgeschichtliche Betrachtungen«), Hamburg, Leipzig, Zürich u. a. – Die Schrift »Vom Menschenrätsel« erscheint.

»Aus Anschauungen, die sich im Laufe von fünfunddreißig Jahren in mir über Gedankenwelten einer Reihe deutscher und österreichischer Persönlichkeiten gebildet haben, legte ich einigen Vorträgen zu

Grunde, die ich in dieser schicksaltragenden Zeit in mitteleuropäischen Städten zu halten hatte. Von solchen Persönlichkeiten wollte ich reden, in deren Gedanken die drängenden Lebensfragen nach Lösung suchen und in deren geistigem Ringen zugleich das Wesen der deutschen Volkheit sich offenbart. Was ich so aussprach, möchte ich auch zu den Leitgedanken dieser Schrift machen. Sie soll vom Suchen des Menschengeistes nach Erkenntnis seines Wesens sprechen in Anknüpfung an solche Suchende, die nicht persönlich Erkenntnis-Liebhabereien oder aus der Willkür geborenen ästhetisierenden Neigungen nachgingen, sondern Gedanken, die aus einem unwiderstehlichen gesunden Drang der Menschennatur erstehen und die bodenständig sind in den Gemütsbedürfnissen der Volkheit trotz der Geisteshöhe, nach der sie streben.«[39]

Alexander von Bernus gründet eine Vierteljahresschrift für Geisteswissenschaft und Kunst: »Das Reich«. Neben Dichtern wie Rilke, Däubler und Lasker-Schüler gehört auch Steiner zu den Autoren.

1917

Rudolf Steiner beginnt in Dornach mit den Schnitzarbeiten an einer neun Meter hohen Statue (»Der Menschheitsrepräsentant«), die im »Johannesbau«, der von 1917 an Goetheanum heißt, aufgestellt werden soll. – Steiner trifft Staatsrepräsentanten, die Ratschläge zur Lösung der Kriegsprobleme hören wollen. Die Idee der »Dreigliederung des sozialen Organismus« wird entwickelt. Der deutsche Außenminister Richard von Kühlmann und der österreichische Kaiser Karl V. befassen sich mit der Dreigliederungsidee. Hans Kühn:

»Im Sommer 1917 erreichte uns überraschend die Nachricht, daß Rudolf Steiner auf Befragen von Graf Otto von Lerchenfeld ganz neue soziale Ideen ausgearbeitet habe. Sie wurden in einem Memorandum zusammengefaßt, das hohen Regierungsstellen vorgelegt werden sollte. So gelang auch der deutsche Staatssekretär Kühlmann in den Besitz dieses Wortlautes, den er intensiv studierte. Es handelte sich darum, der deutschen Regierung einen möglichen Weg zur Beendigung des Krieges aufzuzeigen. Im Juli 1917 war eine gewisse Friedensbereitschaft vorhanden. Der Papst hatte seinen Vorstoß zur Beendigung der Kampfhandlungen unternommen, und Amerika war noch nicht in den Krieg eingetreten. (...) In diesem Jahr 1917 hätte der Krieg unbedingt beendet werden sollen, weil an einen Sieg nicht mehr zu denken war. Rudolf Steiner wußte, daß ohne eine grundlegende Neugestaltung in der Struktur des deutschen Staates keine Friedensmöglichkeit bestehen würde und entwickelte deshalb anstelle des nationalen Einheitsstaates die Idee einer Dreigliederung der Gesellschaftsordnung. Kühlmann interessierte sich für die Vorschläge, meinte aber, ›dann müßte ja Seine Majestät zurücktreten‹. Er ahnte nicht, daß der Kaiser ein Jahr später sowieso abdanken mußte. – Immerhin war Rudolf Steiner als Verfechter deutscher Kultur erkannt worden. Man schlug ihm die Übernahme einer Pressestelle zur Verteidigung der deutschen kulturellen Interessen von Zürich aus vor, doch scheiterte der Plan an der engstirnigen Argumentierung des Auswärtigen Amtes: er sei ja kein deutscher Staatsangehöriger sondern Österreicher. (...) Im Juli 1917 übergab Rudolf Steiner ein zweites, auf österreichische Verhältnisse abgestimmtes Memorandum an Graf Ludwig von Poltzer-Hoditz, um auch bei der österreichischen Regierung einen Vorstoß für eine neue Gesellschaftsordnung zu versuchen. Tatsächlich gelangte das Memorandum durch den Bruder des Grafen, welcher Kabinettschef am Wiener Hof war, in die Hände des Kaisers Karl. Er muß das Memorandum mit Interesse gelesen haben, er ließ es aber dann im Staatsarchiv deponieren. Als die österreichische Revolution drohende Formen annahm, forderte Karl das Memorandum erneut an, um es zu studieren, doch nun war es zu spät: am nächsten Tag wurde der Kaiser abgesetzt. Der Mut, etwas im rechten Augenblick zu entscheiden, hatte gefehlt.«[40]

Das Buch »Von Seelenrätseln« mit einer grundlegenden Darstellung der Dreigliederung des menschlichen Organismus erscheint. – Vorträge und Zyklen in München und Berlin (»Menschliche und menschheitliche Entwicklungswahrheiten« und »Das Karma des Materialismus«), Dornach (»Der Sturz der Geister der Finsternis«) u. a.

1918

Die Dreigliederungsbewegung kommt in Gang. Kontakte Steiners mit dem designierten Reichskanzler Prinz Max von Baden. Dazu Hans Kühn:

»Ende Januar 1918 suchten Herr und Frau Dr. Steiner den Prinzen auf dem Rückweg von Berlin nach Karlsruhe auf. Dieser erhielt das Memorandum und nachträglich den Zyklus über »Die Mission einzelner Volksseelen«, den Rudolf Steiner eigenhändig für ihn durchkorrigiert und mit einem Vorwort versehen hatte. (...) Der Prinz suchte vor dem Antritt seiner Kanzlerschaft Rudolf Steiner noch einmal in der Motzstraße 17 in Berlin auf. Als er die Wohnung verließ, gab er der ihn begleitenden Hausdame, Anna Samweber, die Hand und beglückwünschte sie, daß sie ›einem so bedeutenden Mann dienstbar sein dürfte‹ (...) Es kam nach den Äußerungen Rudolf Steiners nun darauf an, daß der neue Reichskanzler vor dem Beginn der sich ankündigenden Revolution schon bei der Antrittsrede das richtige Wort fände, das heißt, den Mut habe, die Idee der Dreigliederung als Beweis einer tiefgreifenden Neuorientierung und Friedensbereitschaft des deutschen Volkes sofort zu proklamieren. Rudolf Steiner war sehr gespannt auf den Inhalt der Antrittsrede, als er die Zeitung in die Hand bekam. Aber nichts war darin zu finden, was auch nur nach einer solchen Richtung hätte deuten können! So tief erschüttert sah ich Rudolf Steiner niemals wieder ...«[41]

Ende des Ersten Weltkrieges. Ausrufung der Republik in Deutschland. – Es erscheint »Goethes Geistesart in ihrer Offenbarung durch seinen Faust und durch das Märchen von der Schlange und der Lilie«. – Steiner spricht u. a. in Berlin (»Das Ewige in der Menschenseele«), Zürich (»Die Ergänzung heutiger Wissenschaften durch Anthroposophie«) und Dornach (»Geschichtliche Symptomatologie«, »Die soziale Grundforderung unserer Zeit.«).

1919

Verbreitung des Aufrufs »An das deutsche Volk und an die Kulturwelt«, in dem zur Dreigliederung des sozialen Organismus aufgerufen wird.

»Allen Bestrebungen, die bisher in Anbetracht der neueren Menschheitsforderungen hervorgetreten sind, liegt ein Gemeinsames zugrunde. Sie drängen nach Vergesellschaftung des Privaten und rechnen dabei auf die Übernahme des letzteren durch die Gemeinschaften (Staat, Kommune), die aus Voraussetzungen stammen, welche nichts mit den neuen Forderungen zu tun haben. Oder auch, man rechnet mit neueren Gemeinschaften (zum Beispiel Genossenschaften), die nicht voll im Sinne dieser neuen Forderungen entstanden sind, sondern die aus überlieferten Denkgewohnheiten heraus den alten Formen nachgebildet sind.

Die Wahrheit ist, daß keine im Sinne dieser alten Denkgewohnheiten gebildete Gemeinschaft aufnehmen kann, was man von ihr aufgenommen wissen will. Die Kräfte der Zeit drängen nach der Erkenntnis einer sozialen Struktur der Menschheit, die ganz anders ins Auge faßt, als was heute gemeiniglich ins Auge gefaßt wird. Die sozialen Gemeinschaften haben sich bisher zum größten Teil aus den sozialen Instinkten der Menschheit gebildet. Ihre Kräfte mit vollem Bewußtsein zu durchdringen, wird Aufgabe der Zeit.«[42]

Zu den Mitunterzeichnern des Aufrufes, der die neuen Formen des sozialen Organismus skizziert, gehören Persönlichkeiten wie Hermann Hesse, Hans Driesch und Hans Ehrenberg. – In Zürich, Winterthur, Basel und anderen Städten hält Steiner Dreigliederungsvorträge. – Das Buch »Die Kernpunkte der sozialen Frage in den Lebensnotwendigkeiten der Gegenwart und der Zukunft« erscheint. – Auch in zahlreichen Betrieben, darunter bei Daimler und Bosch, spricht Steiner über die Dreigliederung. – In Bern trifft er den Chef der bayerischen Räterepublik, Kurt Eisner, um mit ihm über die Kriegsschuldfrage zu sprechen. Hans Kühn war bei dem Gespräch dabei:

»Wir setzten uns zu ihm, Rudolf Steiner links, ich rechts, während Eisner interessiert zuhörte, dabei aber gemütlich seine Brötchen aß. Er wurde von Rudolf Steiner gefragt, ob es ihm nicht möglich sei, (...) Akten zu veröffentlichen, die nun Deutschlands Alleinschuld am Kriege klar widerlegen könnten, weil das für die deutsche Zukunft von größter Wichtigkeit sei. Von der Dreigliederung ist, soviel ich mich erinnere, dabei nicht die Rede gewesen.

Obwohl nicht viel Zeit vorhanden war, dürfte diese Begegnung Eisners mit dem Geistesforscher doch von Bedeutung sein; denn Eisner wurde 14 Tage später, am 21. Februar 1919, auf der Straße in München erschossen, als er gerade in den Landtag gehen wollte, um seinen Rücktritt zu erklären. Als ich einige Tage später nach München kam, lag an dem Ort der Ermordung noch ein großer Kranz auf dem Trottoir. Eisner hatte sich für die Einberufung einer Landesversammlung entschlossen, doch sein Tod bewirkte das Gegenteil: Die Radikalen versuchten jetzt, die Macht zu ergreifen, und es gab zwischen ihnen und den Anhängern eines gemäßigten Parlaments ein erbittertes Tauziehen ...«[43]

Im April wird der »Bund für Dreigliederung des sozialen Organismus« gegründet. – Zu Pfingsten: Aufruf zur Begründung eines Kulturrates. – Im Juli erscheint die Zeitschrift »Dreigliederung des sozialen Organismus« zum erstenmal. In einer Betriebsratssitzung der Waldorf-Astoria-Zigarettenfabrik in Stuttgart sagt Steiner dem Fabrikanten Emil Molt den Aufbau und die Leitung einer Schule für Mitarbeiterkinder zu. – In Stuttgart findet der erste Lehrerkurs mit 17 Teilnehmern statt. – Am 7. September wird die erste »Waldorf-Schule« durch einen feierlichen Akt im Stuttgarter Stadtgartensaal eröffnet. Emil Leinhas:

»Nach Beendigung dieser Kurse bestimmte Rudolf Steiner aus den Teilnehmern das erste Lehrerkollegium, mit dem die Schule (...) eröffnet wurde. Diese Feier wird allen, die mit offenem Herzen daran teilnahmen, unvergeßlich bleiben. Es war wirklich, wie Rudolf Steiner es damals ausdrückte, »ein Festakt der Weltenordnung«. – Am Abend dieses denkwürdigen Tages nahmen die Lehrer und eine Anzahl anderer Freunde mit Rudolf Steiner als Gäste Emil Molts an einer Aufführung der ›Meistersinger von Nürnberg‹ im Württembergischen Landestheater teil. Durch meine Tätigkeit als Rechnungsführer des Waldorfschul-Vereins hatte ich das Glück, auch in diesem Zusammenhang viel mit Rudolf Steiner zusammenarbeiten zu dürfen. Ich hatte dabei oft Gelegenheit zu beobachten, mit welcher Liebe und Sorgfalt er sich neben all den vielen anderen Anforderungen die dauernd an ihn gestellt wurden, gerade dieser Aufgabe der Erziehung der kommenden Generation widmete, und zwar ohne Unterbrechung bis zum Ausbruch seiner Krankheit im Herbst 1924. Man kann wohl sagen: von allen Institutionen, die aus der Bewegung für die Dreigliederung hervorgegangen sind, war die Waldorfschule Rudolf Steiner am meisten ans Herz gewachsen und hat ihm zwar viele Sorgen, aber auch sehr viel Freude bereitet.«[44]

Umfangreiche Vortragtätigkeit in Dornach, darunter der zwölfteilige Zyklus »Der Goetheanismus, ein Umwandlungsimpuls und Auferstehungsgedanke« und die Vortragsreihe »Die Sendung Michaels«. – Einen siebzehnteiligen Zyklus über die »geisteswissenschaftliche Behandlung sozialer und pädagogischer Fragen« trägt Steiner im Zusammenhang mit der Begründung der Waldorfschule in Stuttgart vor.

1920

Am 26. September wird das Goetheanum, sieben Jahre nach der Grundsteinlegung, eröffnet.

»Über den Dornacher Bau selber will ich nur sagen, daß er nichts anderes sein soll als eine künstlerische Ausgestaltung desjenigen, was in unseren Empfindungen, in unseren Gefühlen angeregt wird, wenn wir eben das Lebendige der Geisteswissenschaft, der Anthroposophie in unserer Seele aufgenommen haben. Daher ist dieser Bau nicht so gemeint, daß etwa die Ideen, die die Geisteswissenschaft hat, durch Symbole oder Allegorien in den Formen des Baues ausgebildet wären. Davon kann gar keine Rede sein. Wenn Sie diesen Bau einmal betrachten werden, dann werden Sie finden, er habe das Eigentümliche, daß in ihm gar nichts Geheimnisvolles ist, daß in ihm kein einziges Symbol ist, nichts irgendwie von einer Allegorie oder dergleichen. Das sollte, gerade durch die ganze Natur dieses Baues, von ihm vollständig ferngehalten werden. (...) Im Dornacher Bau ist versucht, nicht etwa geisteswissenschaftliche Ideen sinnbildlich auszudrücken, sondern es liegt zu Grunde die Tatsache unserer Weltauffassung, daß die Geisteswissenschaft etwas ist, was ja (...) so lebendig, so stark das Innere des Menschen ergreift, daß Fähigkeiten, die in ihm sonst schlummern, also auch künstlerische Fähigkeiten, geweckt werden. Und da Geisteswissenschaft etwas Neues ist – nicht ein neuer Name für etwas Altes, sondern etwas wirklich Neues – so wie die heutige Naturwissenschaft gegenüber der mittelalterlichen Naturwissenschaft etwas Neues ist, so wird auch ihre Kunst gegenüber bestehenden Kunstwerken etwas Neues sein müssen.«[45]

Kurse in Dornach: Erster und zweiter naturwissenschaftlicher Kurs über Lichtlehre und Wärmelehre. Sprachwissenschaftlicher Kurs (»Geisteswissenschaftliche Sprachbetrachtungen«). Steiner hält für 35 Ärzte einen zwanzigteiligen Zyklus über »Geisteswissenschaft und Medizin«. Wieder zahlreiche Vortragsreisen nach Stuttgart, Berlin, Basel usw. Drei öffentliche Vorträge über die »Philosophie des Thomas von Aquino«.

1921

In Stuttgart findet der erste internationale Kongress der anthroposophischen Bewegung statt. Thema: »Anthroposophie – ihre Erkenntniswurzeln und Lebensfrüchte«. – Zum 60. Geburtstag Rudolf Steiners erscheint die erste Ausgabe der Zeitschrift »Die Drei« in Stuttgart. Zuvor war bereits die Wochenschrift »Das Goetheanum« begründet worden. In Dornach beginnt am 3. April der zweite anthroposophische Hochschulkurs (»Die befruchtende Wirkung der Anthroposophie auf die Fachwissenschaften«). – Der zweite Medizinerkurs behandelt die Heileurythmie. – Im Herbst gibt Steiner zwei Theologenkurse. Dazu Friedrich Rittelmeyer:

»Im Jahr 1921 waren einige junge Menschen zu Dr. Steiner gekommen und hatten ihn gefragt, was er ihnen für ein religiöses Wirken, das nicht im Sinn der bisherigen Kirchen, sondern im Sinn einer neuen Geistigkeit sei, zu raten habe. Sie hatten an ihren Universitäten nicht gefunden, was sie suchten, und kamen nun vertrauend und hoffend zur Anthroposophie. Nach kurzem Überlegen ging Dr. Steiner mit tatbereitem Willen auf ihre Wünsche ein. Er hatte ja immer betont, daß die Anthroposophische Gesellschaft keine Kirche sei und auch keine neue Kirche gründen wolle. Sie lasse vielmehr jedem alle Freiheit, wie er sein religiöses Leben pflegen wolle. So mußte der Wille zu einer religiösen Wirksamkeit von anderer Seite kommen und die Verantwortung für eine neue Gründung von anderer Seite getragen werden. Dann aber konnte Rudolf Steiner helfen. Einer Bitte, die mit solchen Gründen zu ihm kam, konnte er sich nicht entziehen. So hat er denn auch kräftig geholfen und dem guten Willen das dargereicht, wodurch er zur Tat werden konnte.«[46]

Steiners allgemeine Vortragstätigkeit findet auch in diesem Jahr wieder Zuhörer in vielen Städten: Stuttgart (dort spricht er bereits im Januar in einer Reihe über das Verhältnis der Naturwissenschaft zur Astronomie), Rotterdam, Den Haag, Amsterdam u. a. Die rege Vortragstätigkeit in Holland hat vor allem pädagogische Fragen zum Inhalt. Erneut reist Steiner zu Vorträgen nach Kristiania.

1922

Im September findet in Dornach der dritte Theologenkurs statt. Die Christengemeinschaft wird gegründet. Erste »Menschenweihehandlung« durch den Theologen Friedrich Rittelmeyer im Weißen Saal des Goetheanums.

»Was die Christengemeinschaft den Menschen zu vermitteln hat, ist das Höchste. Es ist der lebendige Christus in aller Wirklichkeit und Lebensmächtigkeit. Etwas Höheres gibt es nicht. Aber es ist dies Höchste in einem bestimmten Zeitalter und für ein bestimmtes menschliches Bedürfnis. Wenn die Christengemeinschaft sich nur aus Anthroposophen zusammensetzte, so würde Dr. Steiner die Aufgabe der Christengemeinschaft für verfehlt gehalten haben. Die Anthroposophische Gesellschaft hat ihre eigenen großen Aufgaben als eine Kulturbewegung, die heute in der intellektualistisch-materialistischen Gegenwart vor allem notwendig ist und schwer genug zu kämpfen hat, um sich durchzusetzen. (...) Als man Dr. Steiner fragte: Wie unterscheidet sich die anthroposophische Bewegung und die Christengemeinschaft? antwortete er: ›Die anthroposophische Bewegung wendet sich an das Erkenntnisbedürfnis und bringt Erkenntnis; die Christengemeinschaft wendet sich an das Auferstehungsbedürfnis und bringt Christus‹.«[47]

Gegner stören zunehmend Veranstaltungen Steiners in Deutschland. Die Sicherheit des Vortragenden kann einmal nur noch durch Boxer und Ringer, danach gar nicht mehr gewährleistet werden. Danach verzichtet Rudolf Steiner vorübergehend auf öffentliche Auftritte in Deutschland. Die von den Gegnern vergiftete Atmosphäre führt schließlich in der Neujahrsnacht 1922/23 zur Brandstiftung am Goetheanum, der das Gebäude völlig zum Opfer fällt.

Über die Brandnacht schreibt Marie Steiner:

»Unterdessen war alles hinaufgeeilt, die Helfenden, die Löschenden, die mit dem Feuer Kämpfenden. Kein Anthroposoph, der nicht mit Hand angelegt hätte, der nicht versucht hätte, etwas dem Feuer abzuringen. Mir, die seit einem Jahr die Fußkraft eingebüßt hatte, war es nicht beschieden, den Hügel emporzuklimmen, die Füße versagten den Dienst, von einer gewissen Entfernung aus musste ich das Feuer erleben.

Stellte ich die Frage: Wozu musste es so sein? so antwortete es in mir: Wer weiß? Wer kennt die Wege des Schicksals? Als mir geschildert wurde, in welch unheimlicher Pracht und Schönheit die Säulen aufloderten, in deren Feuer die zischende Farbenglut der metallenen Musikinstrumente sich ergoß, bevor sie stürzten, konnte ich nur bitten: Hört auf! Ich wäre daran gestorben. (...) Ein solcher Bau kann nicht wieder entstehen. Es sei denn, daß die Menschen, die als ausführende Künstler an ihm gearbeitet haben, wieder in die Lage versetzt werden, ihr Erlerntes, ihr Erlebtes in ein gleiches Werk umzusetzen. Sonst sinkt als Erinnerung in die Vergangenheit zurück, jedoch als geistiger Keim einer neuen Zukunft entgegen ein Werk, das machtvoll die Menschheit schon heute hätte fördern können auf ihrem Entwickelungswege zum Geiste hin. Mit den Flammen der Silvesternacht von 1922/23 ist ein ungeheurer Fortschrittsimpuls für die Menschheit zunächst vernichtet worden. Die retardierenden Mächte haben es so gewollt ...«[48]

Vor dem Goetheanumbrand halten Vorträge und Kurse Steiner, wie seit Jahren schon, in Atem: Auf dem zweiten internationalen Kongress dér Anthroposophischen Bewegung (West-Ost-Kongreß) in Wien spricht er über »Westliche und östliche Weltgegensätzlichkeiten – Wege zu ihrer Verständigung durch Anthroposophie«. In Dornach hält er den (14-teiligen) Nationalökonomischen Kurs ab. – Im September findet am Goetheanum der »Französische Kurs« statt. Unter den Zuhörern zum ersten Mal seit dem Bruch mit Steiner wieder Edouard Schuré. – Zyklus über die »Grundimpulse des weltgeschichtlichen Werdens der Menschheit« (acht Vorträge). – Für die Arbeiter am Goetheanum hält Steiner erste Vorträge. – Erneute Vortragsreise durch Großbritannien.

1923

Vorbereitung der Neuschaffung der Anthroposophischen Gesellschaft. An Weihnachten Begründung der »Allgemeinen Anthroposophischen Gesellschaft« in Dornach mit Rudolf Steiner als Leiter. »Grundsteinlegung« am Vormittag des ersten Weihnachtsfeiertags.

Steiner initiiert die Gründung der »Freien Hochschule für Geisteswissenschaft«, die später am Goetheanum eingerichtet wird. – Der »Philosophisch-Anthroposophische Verlag«, 1908 durch Marie von Sievers für die Herausgabe der Werke Steiners gegründet, zieht von Berlin nach Dornach. – In der Zeitschrift »Das Goetheanum« erscheinen ab Dezember Steiners autobiografische Aufzeichnungen »Mein Lebensgang« in Fortsetzungen. Die Fortsetzungen enden mit Steiners Tod. – Die gewohnte intensive Vortragstätigkeit geht weiter: Prag, Kristiania, Stuttgart sind wichtige Stationen. In Ikley Yorkshire Zyklen über »Gegenwärtiges Geistesleben und Erziehung«. – Sommerkurs in Penmaenmawr.

Im Februar beginnen die Karma-Vorträge in Dornach. Sie werden in zahlreichen Städten, darunter in Breslau, London, Paris und Prag fortgesetzt. Insgesamt umfaßt der Zyklus 81 Vorträge. – Das Modell für den neuen Goetheanumbau ist fertiggestellt. – In Stuttgart spricht Steiner vor fast 2000 Zuhörern über »Die Methodik des Lehrens und die Lebensbedingungen des Erziehens«. Dem folgt ein pädagogischer Zyklus in Bern, Arnheim und anderen Städten. – In Koberwitz in Schlesien gibt Steiner den Landwirtschaftlichen Kursus »Geisteswissenschaftliche Grundlagen zum Gedeihen der Landwirtschaft«. Damit wird die biologisch-dynamische Landwirtschaft begründet.

»Unsere landwirtschaftliche Pfingsttagung in Koberwitz kam eigentlich dadurch zustande, daß mein Mann (...) die Spezialisierung und unglaubliche fachmännische Kenntnis Rudolf Steiners, auf welchem Gebiet es auch sei, beobachtet hatte. Aus dieser Beobachtung heraus erwuchs in Carl (Graf Keyserlingk) der spontane Wille, Dr. Steiner zu bitten, auch für die Landwirtschaft eine Bereicherung und vor allem auch hier für uns neue Wege für die Wissenschaft zu eröffnen. Ich besinne mich, wie er in seiner liebenswürdig frohen, von tiefster Verehrung für Rudolf Steiner durchdrungenen Haltung, aus seinen gütigen Augen mich anblickend, die Äußerung tat: ›Ich sehe gar nicht ein, wenn unser Doktor den anderen Fachleuten solch wunderbare Hilfen gibt, warum ich ihn da nicht auch für unsere Landwirtschaft darum bitten sollte!‹ Mutig entschlossen sandte er seine Anfrage in dieser Richtung nach Dornach und bald darauf, beim nächsten Zusammentreffen, trat Dr. Steiner auf den Landwirt Ernst Jacoby und meinen Mann zu mit dem Bemerken, daß er den von ihm verlangten landwirtschaftlichen Kursus bei uns in Koberwitz halten wollte.«[49]

In Dornach hält Rudolf Steiner kurze Zeit später den Heilpädagogischen Kurs, dessen Inhalt u. a. die Grundlagen der später von Karl König begründeten Camphill-Bewegung bildet. – Zu Beginn des Jahres hat Rudolf Steiner bereits einen achtteiligen Kurs für Jungmediziner gegeben. – Die letzte Auslandsreise führt Steiner im August nach England. In Torquay findet der Sommerkurs der englischen Anthroposophischen Gesellschaft statt. Dort: Elfteiliger Zyklus »Das Initiaten-Bewußtsein – die wahren und die falschen Wege der geistigen Forschung«. – Am 28. September trägt Rudolf Steiner, längst gezeichnet von einer unheilbaren Krankheit, zum letzten Mal vor Mitgliedern vor. Emil Leinhas:

»Am übernächsten Tag, am Vorabend zu Michaeli, nahm Rudolf Steiner noch einmal seine letzte Kraft zusammen. Er verließ zum letzten Mal das Krankenzimmer, um einen Vortrag für die Mitglieder zu halten. – Es wird allen Teilnehmern unvergesslich bleiben, wie Rudolf Steiner, in seinen Mantel gehüllt, in tiefstem Ernst den Saal der Schreinerei betrat. Wie auf Verabredung erhoben sich die Zuhörer von ihren Plätzen. Er legte seinen Mantel am Vorstandstisch ab und bestieg das Rednerpult, von dem aus er jetzt zum letzten Mal sprechen sollte. Sein erstes Wort war ein Wort des Dankes an die ›ärztliche Freundin Dr. Ita Wegman‹, durch deren ›hingebungsvolle Pflege‹ es möglich gewesen sei, daß er heute zu den Mitgliedern sprechen könne. Er sprach über die Michaelströmung und das Mysterium des Johannes / Lazarus. Er eröffnete ganz neue Perspektiven über die damit zusammenhängenden Geheimnisse. Aber die Kraft Rudolf Steiners reichte nicht aus, das Thema ganz so auszubreiten, wie er es eigentlich vorhatte. Er wollte deshalb, wie er sich kurz darauf gegenüber Dr. Noll äußerte, noch einen zweiten Vortrag darüber halten. Das Schicksal hat es ihm nicht mehr vergönnt, diese Absicht auszuführen. Rudolf Steiner sollte bis zu seinem Tod am 30. März 1925 das Krankenzimmer nicht mehr verlassen.«[50]

1925

In Dornach beginnt der Bau des zweiten Goetheanum nach dem Modell Steiners. – Friedrich Rittelmeyer wird als Leiter (Erzoberlenker) der Christengemeinschaft eingesetzt.

30. März: Rudolf Steiner stirbt in Dornach.

Das letzte Buch »Grundlegendes für eine Erweiterung der Heilkunst«, das Steiner zusammen mit der Ärztin Ita Wegman geschrieben hat, erscheint.

Anmerkungen

1 Rudolf Steiner: Mein Lebensgang, eine nicht vollendete Autobiografie mit einem Nachwort herausgegeben von Marie Steiner 1925. 8. Auflage, Dornach 1982, S. 9
2 Ebd. S. 10
3 Ebd. S. 20 f.
4 Ebd. S. 27
5 Ebd. S. 41 f.
6 Ebd.
7 Ebd. S. 52
8 Rudolf Steiner, Briefe, Band I (1881–1891), Dornach 1955, S. 63
9 Rudolf Steiner: Mein Lebensgang, S. 52
10 Rudolf Steiner: Briefe I, S. 65
11 Rudolf Steiner: Mein Lebensgang, S. 60
12 Ebd. S. 110 f.
13 Ebd. S. 105 f.
14 Ebd. S. 124
15 Ebd. S. 150 f.
16 Ebd. S. 257 f.
17 Ebd. S. 252 f.
18 Ebd. S. 221
19 Rudolf Steiner: Friedrich Nietzsche, ein Kämpfer gegen seine Zeit. 3. Auflage, Dornach 1963, Taschenbuchausgabe 1977, S. 9
20 Rudolf Steiner: Veröffentlichungen aus dem literarischen Frühwerk, Heft XXIV, Dornach 1958, S. 34
21 Rudolf Steiner: Mein Lebensgang, S. 383 f.
22 Stefan Zweig: Die Welt von Gestern, Erinnerungen eines Europäers, Frankfurt 1973, S. 92
23 Rudolf Steiner: Mein Lebensgang, S. 375
24 Rudolf Steiner: Die Mystik im Aufgange des neuzeitlichen Geisteslebens und ihr Verhältnis zur modernen Weltanschauung. 5. Auflage, Dornach 1960, S. 14
25 Rudolf Steiner: Mein Lebensgang, S. 400 f.
26 Ebd. S. 384
27 Ebd. S. 415
28 Ebd. S. 423
29 Rudolf Steiner: Spirituelle Seelenlehre und Weltbetrachtung. Achtzehn öffentliche Vorträge gehalten zwischen dem 6. September 1903 und dem 8. Dezember 1904 im Architektenhaus zu Berlin. Aus dem Vorwort von Marie Steiner S. 7, Dornach 1972
30 Ebd. S. 9 f.

31 Ludwig Kleeberg: Wege und Worte. Erinnerungen an Rudolf Steiner aus Tagebüchern und Briefen. Basel 1928, S. 49 f.

32 Rudolf Steiner: Mein Lebensgang, S. 458

33 Friedrich Hiebel: Albert Steffen – Die Dichtung als Schöne Wissenschaft. Bern 1960, S. 21

34 Margarita Woloschin: Aus Tagebuchaufzeichnungen. In: Mitteilungen aus der Anthroposophischen Arbeit in Deutschland, Nummer 115, 1976, S. 28

35 Friedrich Rittelmeyer: Meine Lebensbegegnung mit Rudolf Steiner 2. Auflage, Stuttgart 1928, S. 25 ff.

36 Rudolf Steiner: Die Bhagavad Gita und die Paulusbriefe. Ein Vortragszyklus in Köln vom 28. Dezember 1912 bis 1. Januar 1913. 3. Auflage, Dornach 1960, Taschenbuchausgabe 1979, S. 11

37 Pieter J. de Haan: Erinnerungen an Rudolf Steiner. Deutsche Übersetzung erschienen in: Mitteilungen aus der Anthroposophischen Arbeit in Deutschland, Nummer 141, Stuttgart 1982, S. 212 f.

38 Emil Leinhas: Aus der Arbeit mit Rudolf Steiner. Sachliches und Persönliches, Basel 1950, S. 25

39 Rudolf Steiner: Vom Menschenrätsel. Ausgesprochenes und Unausgesprochenes im Denken, Schauen, Sinnen einer Reihe deutscher und österreichischer Persönlichkeiten. 4. Auflage, Dornach 1957, S. 7

40 Hans Kühn: Dreigliederungs-Zeit. Rudolf Steiners Kampf für die Gesellschaftsordnung der Zukunft. Dornach 1978. S. 14 ff.

41 Ebd. S. 18 f.

42 Rudolf Steiner: Die Kernpunkte der sozialen Frage in den Lebensnotwendigkeiten der Gegenwart und Zukunft. Dornach 1980 (Taschenbuchausgabe), S. 127

43 Hans Kühn: Dreigliederungs-Zeit, S. 34 ff.

44 Emil Leinhas: Aus der Arbeit mit Rudolf Steiner, S. 85 f.

45 Rudolf Steiner: Philosophie und Anthroposophie. Gesammelte Aufsätze 1904–1918. Dornach 1965, S. 207 f.

46 Friedrich Rittelmeyer: Meine Lebensbegegnung mit Rudolf Steiner. S. 143

47 Ebd. S. 147

48 Aus dem Leben von Marie Steiner – von Sivers. Biografische Beiträge und eine Bibliografie. Dornach 1956, S. 102 f.

49 Gräfin Johanna Keyserlingk: Zwölf Tage um Rudolf Steiner. Als Manuskript vervielfältigt. Stuttgart 1949. S. 1

50 Emil Leinhas: Aus der Arbeit mit Rudolf Steiner, S. 189

III

Die Rudolf Steiner-Nachlaßverwaltung

Bis auf wenige Bände liegt die Gesamtausgabe der Werke Rudolf Steiners vor. Rund dreihundert Bände sind es insgesamt – ein schöpferisches, alle Bereiche des Seins umfassendes Monumentalwerk, das in der abendländischen Geistesgeschichte nicht seinesgleichen hat. Die Edition dieses einzigartigen oevres wäre freilich nicht möglich gewesen ohne das – teilweise – lebenslange Engagement einiger Menschen, der Mitglieder der Rudolf Steiner-Nachlaßverwaltung. Auf deren Wirken im Dienste des Steinerschen Werkes kann an dieser Stelle lediglich verwiesen werden, eine Würdigung wird dagegen einer künftigen Forschungsarbeit vorbehalten bleiben. Die wird es sich auch zur Aufgabe machen müssen, das Entstehen des »Vereins zur Verwaltung des literarischen und künstlerischen Nachlasses von Dr. Rudolf Steiner« aus der Auseinandersetzung zwischen der anthroposophischen Gesellschaft einerseits und Marie Steiner von Sivers, der 1948 verstorbenen Witwe Rudolf Steiners, andererseits zu klären. Einzig der initiativen Kraft Marie Steiners, der rechtmäßigen Erbin des Rudolf Steiner-Nachlasses, ist es jedenfalls zu danken, daß die Rudolf Steiner-Nachlaßverwaltung gegründet und damit das hinterlassene Werk Rudolf Steiners als Einheit und ohne entstellende Verzerrungen und Verkürzungen aufgearbeitet und herausgegeben werden konnte.

Über die Aufgabe der Rudolf Steiner-Nachlaßverwaltung heißt es kurz und prägnant im Sinne Marie Steiners:

»Die Mitglieder der Nachlaß-Verwaltung haben darüber zu wachen, daß die Herausgabe des Werkes von Rudolf Steiner nach Möglichkeit und bestem Wissen und Gewissen in dessen Sinn erfolgt, daß namentlich auch kein Raubbau an den geistigen Inhalten getrieben wird, und daß Rudolf Steiners Werk mit seinem Namen verbunden bleibt.

Das gesamte noch unveröffentlichte Werk Rudolf Steiners soll möglichst vor Ablauf der Schutzfrist veröffentlicht werden, wodurch am besten vermieden wird, daß Fälschungen an die Öffentlichkeit gelangen.

Gekürzte oder schlechte Nachschriften müssen bearbeitet und in eine bessere Form gebracht werden, da gerade durch sie der gute Name Rudolf Steiners als Stilist geschädigt wird.

Es liegt die weitere Aufgabe vor, daß das Werk Rudolf Steiners, das in den verschiedenen Zeitschriften vielfach zerstückelt erschienen ist, nach Möglichkeit in seiner Totalität wieder hergestellt wird, daß der einzelne Vortrag zu einer Broschüre gestaltet wird, und daß die zu einer Serie gehörenden Vorträge in ihrem inneren Zusammenhang erscheinen, in möglichst chronologischer Reihenfolge.

Die von Rudolf Steiner selbst geschriebenen und als Bücher erschienenen Werke sollen, wenn immer möglich, zu einer schönen Gesamtausgabe vereinigt werden. Das in Vorträgen und Notizen enthaltene Werk Rudolf Steiners ist zu einem geordneten, chronologisch, fachlich und einheitlich gegliederten Ganzen zu vereinigen und auch äußerlich in die bestmögliche Form zu bringen und als eine zweite Kategorie in die Gesamtausgabe der Werke einzureihen; als weitere Kategorien die noch nicht gedruckten, gekürzten Nachschriften oder Aufzeichnungen, die im Dornacher Archiv vorhanden sind, ferner die unvollständigen oder gekürzten Nachschriften und Notizen aus den Jahren 1902–1912.

Jedes Mitglied des Vereins der Nachlaß-Verwaltung unterzeichnet diese Übereignungsurkunde und gibt dadurch in ernstester Weise die feierliche Erklärung ab, daß es den gegebenen Richtlinien und Aufgaben unentwegt in Treue zum Lebenswerke Rudolf Steiners nachzuleben und sie zu erfüllen aufs eifrigste und aufrichtigste bestrebt sein wird.«*

Von seiten der Nachlaßverwaltung unterzeichnet wurde dieses Dokument u. a. von Edwin Froböse, der als einziges der Gründungsmitglieder auch heute noch der Nachlaßverwaltung, mehr noch: deren Vorstand angehört. Im heutigen Vorstand vertreten sind zusammen mit Edwin Froböse außerdem G. A. Balaster (Vorsitzender) und Werner Belart sowie Hella Wiesberger. Insgesamt zählt die Nachlaßverwaltung siebzehn Mitglieder.

Nirgendwo sonst ist das uneigennützige Wirken dieser Menschen deutlicher dokumentiert als in der Edition des Steiner-

---

* Übereignungsvertrag zwischen Marie Steiner und der Rudolf Steiner-Nachlaßverwaltung vom 1. Dezember 1947, in: Marie Steiner, Briefe und Dokumente, Dornach 1981, S. 180ff

schen Werks. Nicht zuletzt deswegen folgt im anschließenden Kapitel eine Übersicht über die Rudolf Steiner-Gesamtausgabe, in der von Wolfram Groddeck besorgten systematischen Zusammenstellung.

IV

Systematische Übersicht über
die Rudolf Steiner Gesamtausgabe*

A. Schriften

I. WERKE

* aus: Wolfram Groddeck, Eine Wegleitung durch die Rudolf Steiner Gesamtausgabe, Dornach/Schweiz 1978

II. GESAMMELTE AUFSÄTZE

III. VERÖFFENTLICHUNGEN AUS DEM NACHLASS

B. Vorträge

I. ÖFFENTLICHE VORTRÄGE

II. VORTRÄGE VOR MITGLIEDERN DER ANTHROPOSOPHISCHEN GESELLSCHAFT

Reihe: Das lebendige Wesen der Anthroposophie
und seine Pflege
Schriften und Vorträge zur Geschichte
der Anthroposophischen Bewegung und Gesellschaft

III. VORTRÄGE UND KURSE ZU EINZELNEN LEBENSGEBIETEN

Vorträge über Kunst

Allgemein

Eurythmie

C. Reproduktionen und Veröffentlichungen aus dem künstlerischen Nachlaß

KUNSTMAPPEN UND BÄNDE

Rudolf Steiners Entwürfe für die Glasfenster des Goetheanums

Rudolf Steiners Entwürfe für die Malerei der kleinen Kuppel des Ersten Goetheanum

Neun Schulungsskizzen für Maler »Naturstimmungen«

Skizzen zu den Eurythmiefiguren

Eurythmieformen zu den Wochensprüchen des anthroposophischen Seelenkalenders

Lichtesweben (Tempera 106 × 72 cm) (1911)
Das Mittelmotiv für die Malerei der kleinen Kuppel
des Ersten Goetheanum (Pastell 44 × 55 cm) (1918)
Der slawische Mensch. Entwurf für die Malerei der
kleinen Kuppel des Ersten Goetheanum (Pastell
53 × 68 cm) (1918)

SCHULUNGSSKIZZEN FÜR MALER

Licht und Finsternis. Luzifer und Ahriman (Pastell
55,5 × 70 cm) (1923)
Der dreigliedrige Mensch (Pastell 62,5 × 80 cm)
(1923)
Druidenstein (Pastell 76,5 × 93,5 cm) (1923)
Elementarwesen (Pastell 72 × 80 cm) (1923)
Johanni-Imagination. Rötliche Gestalt mit Sonne
und Mond (Pastell 61 × 77 cm) (1923)
Friedwartskizzen. Sieben Pastelle für den Malunter-
richt an der Friedwartschule (Verschiedene Formate)
(1922–1924): Sonnenaufgang – Sonnenuntergang –
Bäume in sonniger Luft – Bäume im Sturm – Kopf-
Studie – Besonnter Baum am Wasserfall – Madonna

PROGRAMMBILDER FÜR EURYTHMIE-AUFFÜHRUNGEN

Neues Leben. Mutter und Kind (Aquarell 72 ×
107,5 cm) (1924)
Ostern. Drei Kreuze (Aquarell 72 × 107 cm) (1924)
Die Urpflanze (Aquarell 74,5 × 114,5 cm) (1924)

V

Adressen anthroposophischer Institutionen

Anthroposophische Gesellschaft

1. Allgemeine Anthroposophische Gesellschaft
   Sekretariat, CH-4143 Dornach (Schweiz) Tel. 00 41 61 / 72 42 42 (von
   Deutschland)
2. Anthroposophische Gesellschaft in Deutschland e. V.,
   Zur Uhlandshöhe 10, 7000 Stuttgart 1, Tel. 07 11 / 24 18 72
3. Die Anschriften der Landesgesellschaft außerhalb der Bundesrepu-
   blik Deutschland und der Schweiz über:
   Allgemeine Anthroposophische Gesellschaft
   CH-4143 Dornach (Schweiz)
4. Das Goetheanum, Freie Hochschule für Geisteswissenschaft
   CH-4143 Dornach (Schweiz)
   mit Sektionen für
   – Allgemeine Anthroposophie
   – Pädagogik
   – Medizin
   – Naturwissenschaft
   – Ernährung und Landwirtschaft
   – Mathematik und Astronomie
   – Schöne Wissenschaften
   – Redende und musizierende Künste
   – Bildende Künste
   – Geistesstreben der Jugend
   – Sozialwissenschaft

Weitere Institutionen

1. Architektur
   Verein zur Förderung von Studienstätten für Gestaltung e. V.,
   Wilhelm Oberhuber, Inselstraße 8, 7815 Kirchzarten, Zarten. Tel.
   07661 / 6 15 55
2. Eurythmie
   Bildungsstätte für eurythmische Kunst und musische Erziehung,
   Zur Uhlandshöhe 8, 7000 Stuttgart 1, Tel. 07 11 / 23 42 30
3. Heilpädagogik
   Rudolf-Steiner-Seminar für Heilpädagogik, Hauptstraße 42, 7325
   Eckwälden bei Bad Boll, Tel. 07 1 64 / 21 48

4. Kunst
   Freie Kunst- und Hochschule der Alanus Gesellschaft,
   Gut Johannishof, 5305 Alfter bei Bonn, Tel. 02222/2713
   Die Freie-Kunst-Studienstätte Ottersberg, Freie Hochschule für
   soziales Wirken der Kunst,
   Am Wiestebruch 66–68, 2133 Ottersberg, Tel. 04205/596
5. Landwirtschaft
   Forschungsring für biologisch-dynamische Wirtschaftsweise,
   Baumschulenweg 19, 6100 Darmstadt-Land 3
   Demeter Bund e. V.,
   Wellingstraße 24, 7000 Stuttgart 75, Tel. 0711/478427/479497
   Arbeitsgemeinschaft für biologisch-dynamische Wirtschaftsweise,
   Mathystraße 34, 7530 Pforzheim
6. Medizin
   Verein für ein erweitertes Heilwesen, Gemeinnütziger Verein e. V.,
   Johannes-Kepler-Straße 58, 7263 Bad Liebenzell-Unterlengen-
   hardt, Tel. 07052/567
   Arbeitsgemeinschaft anthroposophischer Ärzte,
   Trossinger Straße 53, 7000 Stuttgart 75, Tel. 0711/471501
   Weleda AG, Heilmittelbetriebe, Möhlerstr. 3, 7070 Schwäbisch
   Gmund, Tel. 07171/6051
   Verband der Gemeinnützigen Krankenhäuser für anthroposo-
   phisch erweiterte Medizin e. V.,
   7024 Filderstadt-Bonlanden
   Gesellschaft zur Förderung der Krebstherapie e. V.,
   Hachelallee 55, 7530 Pforzheim, Tel. 07231/12537
7. Pädagogik
   Bund der Freien Waldorfschulen e. V.,
   Haussmannstr. 46, 7000 Stuttgart 1, Tel. 0711/232996
8. Religion
   Die Christengemeinschaft, Schubartstr. 32, 7000 Stuttgart 1
9. Soziale Fragen
   Institut für soziale Gegenwartsfragen e. V.,
   Hans-Georg-Schweppenhäuser, Prinz-Eugen-Straße 16, 7800 Freiburg, Tel. 0761/77748
10. Wissenschaft
    Universitätsverein Witten/Herdecke e. V.
    Beckweg 4, 5804 Herdecke/Ruhr, Tel. 02330/623501/02

Banken

GLS Gemeinschaftsbank e. G.,
Oskar-Hoffmann-Straße 35 (Westfalenplatz), 4630 Bochum, Tel.
02321/301034

Kindergärten

Vereinigung der Waldorfkindergärten,
Haussmannstr. 44, 7000 Stuttgart 1, Tel. 0711/232996

Seminare

Studienhaus Rüspe e. V.,
5942 Kirchhudem 3, Rüspe, Tel. 02759/273
Freies Jugendseminar Stuttgart,
Ameisenbergstr. 44, 7000 Stuttgart 1, Tel. 0711/261956, 265376

Verlage

Gemeinschaftskatalog anthroposophischer Verlage über Martin Sandkuhler,
Paracelsusstr. 26, 7000 Stuttgart 72

Zeitschriften

1. Das Goetheanum,
   Wochenschrift für Anthroposophiem Goetheanum
   CH-4143 Dornach (Schweiz)
2. Die Drei,
   Monatsschrift für Wissenschaft, Kunst und soziales Leben,
   Haussmannstr. 76, 7000 Stuttgart 1
3. Die Kommenden,
   Verlag Die Kommenden GmbH, Rosastr. 21, 7800 Freiburg
4. Erziehungskunst, Monatsschrift zur Pädagogik Rudolf Steiners,
   Haussmannstr. 76, 7000 Stuttgart 76
5. Lebendige Erde,
   Baumschulenweg 19, 6100 Darmstadt-Land 1
6. Soziale Hygiene, Merkblätter zur Gesundheitspflege,
   Johannes-Kepler-Straße 58, 7263 Bad Liebenzell-Unterlengenhardt

Weitere Anschriften und Hinweise finden Sie im »Verzeichnis anthroposophischer Ausbildungs- und Studienstätten« (Bezug: Sekretariat der Anthroposophischen Gesellschaft in Deutschland, Zur Uhlandshöhe 10, 7000 Stuttgart 1).

VI

Personenregister

Bitte umblättern:

auf den nächsten Seiten informieren
wir Sie über weitere interessante
Fischer Taschenbücher.

Perspektiven der Anthroposophie

Fischer Taschenbuch Verlag

Perspektiven der Anthroposophie

Karl König
Die ersten drei Jahre des Kindes
Erwerb des aufrechten Ganges. Erlernen der Muttersprache
Erwachen des Denkens. Band 5507

Bruder Tier
Mensch und Tier in Mythos und Evolution. Band 5530

Johannes Hemleben
Das haben wir nicht gewollt
Sinn und Tragik der Naturwissenschaft. Band 5508

Hermann Poppelbaum
Mensch und Tier
Fünf Einblicke in ihren Wesensunterschied
Band 5509

Friedrich Husemann
Vom Bild und Sinn des Todes
Entwurf einer geisteswissenschaftlich orientierten
Geschichte, Physiologie und Psychologie des Todesproblems.
Band 5510

Alfred Schütze
Das Rätsel des Bösen
Band 5511

Ehrenfried Pfeiffer/Erika Riese
Der erfreuliche Pflanzgarten
Anleitung zur Gartenpflege
nach der biologisch-dynamischen Wirtschaftsweise
Band 5512

Walter Abendroth
Rudolf Steiner und die heutige Welt
Ein Beitrag zur Diskussion um die menschliche Zukunft
Band 5513

Fischer Taschenbuch Verlag

Perspektiven der Anthroposophie

Margarita Woloschin
Die grüne Schlange
Lebenserinnerungen einer Malerin. Band 5514

Walther Bühler
Nordlicht, Blitz und Regenbogen
Metamorphosen des Lichts. Band 5515

Friedrich Hiebel
Goethe.
Die Erhöhung des Menschen
Perspektiven einer morphologischen Lebensschau
Band 5517

Stefan Leber
Selbstverwirklichung, Mündigkeit, Sozialität
Eine Einführung in die Idee der Dreigliederung des sozialen
Organismus. Band 5519

Gerhard Wehr
Der pädagogische Impuls Rudolf Steiners
Band 5521

Hans-Werner Schroeder
Mensch und Engel
Die Wirklichkeit der Hierarchien. Band 5522

Hans Georg Schweppenhäuser
Das kranke Geld
Vorschläge für eine soziale Geldordnung von morgen. Band 5523

Olaf Koob
Gesundheit – Krankheit – Heilung
Grundbegriffe einer menschengemäßen Heilkunst
in der Anthroposophie Rudolf Steiners. Band 5524

Fischer Taschenbuch Verlag

Perspektiven der Anthroposophie

Gottfried Richter
Ideen zur Kunstgeschichte
Band 5525

Ernst Bindel
Die geistigen Grundlagen der Zahlen
Die Zahl im Spiegel der Kulturen. Elemente einer sprituellen
Geometrie und Arithmetik. Band 5526

Renate Riemeck
Mitteleuropa
Bilanz eines Jahrhunderts
Band 5527

Werner Georg Haverbeck
Die andere Schöpfung
Technik – Ein Schicksal von Mensch und Erde. Band 5528

Thomas J. Weihs
Das entwicklungsgestörte Kind
Heilpädagogische Erfahrungen in Camphill-Gemeinschaften
Band 5529

Erich Gabert
Autorität und Freiheit in den Entwicklungsjahren
Das mütterliche und das väterliche Element in der Erziehung
Band 5531

Kurt E. Becker / Hans-Peter Schreiner
Rudolf Steiner:
Praktizierte Anthroposophie
Beiträge für ein humaneres Leben. Band 5534
Anthroposophie heute
Band 5535

Ernst Michael Kranich
Die Formensprache der Pflanze
Grundlinien einer kosmologischen Botanik. Band 5536

Fischer Taschenbuch Verlag

Perspektiven der Anthroposophie

Rudolf Grosse
Erlebte Pädagogik
Schicksale und Geistesweg. Band 5537

Rudolf Bubner
Evolution – Reinkarnation – Christentum
Band 5538

Hans Müller-Wiedemann
Mitte der Kindheit
Das neunte bis zwölfte Lebensjahr
Eine biographische Phänomenologie der kindlichen Entwicklung
Band 5539

Stefan Leber
Die Sozialgestalt der Waldorfschule
Ein Beitrag zu den sozialwissenschaftlichen
Anschauungen Rudolf Steiners
Band 5540

Friedrich Husemann/Walther Bühler
Wege und Irrwege in die geistige Welt
Drogen – Autogenes Training – Yoga – Meditation
Band 5541

Albert Steffen
Kunst als Weg zur Einweihung
Der Künstler als Sozialtherapeut.
Essays. Band 5542

Rudolf Treichler
Die Entwicklung der Seele im Lebenslauf
Stufen, Störungen und Erkrankungen des Seelenlebens
Band 5544

Fischer Taschenbuch Verlag

fi 102/2e

fischer perspektiven –
fischer alternativ

K. William Kapp
Erneuerung der Sozialwissenschaften
Ein Versuch zur Integration und Humanisierung
Band 4161
Die Sozialwissenschaften spezialisieren sich immer
mehr. Nur eine neue Grundlegung der Sozialwissen-
schaften, die sich an der menschlichen Natur und deren
Bedürfnissen orientiert, vermag die oft unmenschlichen
Folgen einer sich »wertfrei« begreifenden Sozialwis-
senschaft zu überwinden.

Klaus Heinrich
Vernunft und Mythos
Ausgewählte Texte
Band 4162
Nur eine Kritik, die den Mythos ernst nimmt, vermag den
Begriff des Mythos für die Sinnkrise in unserer Gesell-
schaft fruchtbar zu machen.
»Die Wirklichkeitssubstrate abstrakter Begriffe aufzu-
zeigen, logische Forme(l)n auf in ihnen abgelagerte
Inhalte hin zu entziffern, ist Heinrich's Ruhm«. DIE ZEIT

Horst von Gizycki
Arche Noah '84
Zur Sozialpsychologie gelebter Utopien
Band 4163
Hier wird eine Arche entworfen, die die Menschen nicht
erst nach der Katastrophe rettet, sondern dazu beitra-
gen soll, die Katastrophe zu vermeiden. In einem Aufriß
einer Sozialpsychologie »gelebter Utopien« sucht der
Autor kritisch nach Prinzipien und Möglichkeiten einer
alternativen Praxis, wie sie sich schon in vielen Gemein-
schaftsprojekten zeigt.

Fischer Taschenbuch Verlag

fi 110/1a

fischer perspektiven –
fischer alternativ

Klaus Gretschmann
Wirtschaft im Schatten
von Markt und Staat
Grenzen und Möglichkeiten einer Alternativ-Ökonomie
Band 4164
Eine zusammenfassende Darstellung der Prinzipien
einer Alternativ-Ökonomie, die einen Ausweg aus der
Wirtschaftskrise eröffnen kann. Wie sieht der »informel-
le« Bereich einer Volkswirtschaft aus, in dem weniger
profitiert, sondern bedarfsorientiert produziert und soziale Dienstleistungen erbracht werden?

Hansjörg Hemminger
Der Mensch – eine Marionette der Evolution?
Eine Kritik an der Soziobiologie
Band 4165
Eine kritische Auseinandersetzung eines Biologen mit
der Soziobiologie, die die Gesetze der biologischen
Entwicklung auf gesellschaftliche Prozesse überträgt
und so dem »Sozialdarwinismus« Tür und Tor öffnet.
Ein Versuch, eines engagierten Wissenschaftlers, den
Menschen von Natur aus als Kulturwesen zu begreifen.

Wolf Schäfer (Hrsg.)
Neue Soziale Bewegungen
Konservativer Aufbruch in buntem Gewand?
Band 4166
Eine kontroverse Auseinandersetzung über das Theo-
rieverständnis der Ökologie- und Alternativbewegung.
Eine Standortbestimmung über diese Bewegung von
Betroffenen und Außenstehenden.
Diese Texte befassen sich mit umstrittenen Themen wie
»Glaube an das Volk«, »neue Mütterlichkeit« und
»Formen des Widerstandes«.

Fischer Taschenbuch Verlag

fischer perspektiven –
fischer alternativ

Günter Altner (Hg.)
Die Welt als offenes System
Eine Kontroverse um das Werk von Ilya Prigogine
Band 4168
Die bisherige wissenschaftliche Entwicklung kann für
den weiteren zivilisatorischen Fortschritt nicht ohne
Folgen bleiben. Die modernen Industriegesellschaften
werden immer komplexer, welche Perspektiven
positiver oder negativer Art zeigen sich dabei?

Ferdinand W. Menne
Eigensinn und Selbsthilfe
Über das Recht auf einen kleinen Alltag
Band 4169
Die Alternativen können nur überleben, wenn sie sich
das Recht auf den kleinen Alltag erkämpfen. Wer den
»kleinen Leuten« lebensnotwendige Sicherheiten ent-
zieht, handelt nicht nach dem Subsidiaritätsprinzip. Nur
eine aktive Förderung der Alternativen und Stärkung
von Eigensinn, Eigenwillen und Eigenmacht der
Kleinen vermag dies zu erreichen.

Bettina Jansen/Brigitte von der Twer
Für einen anderen Umgang mit der Natur
Wider männliche Beherrschung und
Zerstörung der Natur
Band 4171
Eine Analyse der Umweltzerstörung durch eine sich nur
männlich begreifende Naturwissenschaft und deren
Neugestaltung, indem weibliche Erfahrung zu einem
neuen wissenschaftlichen Kriterium gemacht wird. Nur
so läßt sich eine geschlechtsspezifische Aneignung
von Umwelt überwinden.

Fischer Taschenbuch Verlag

fi 110/1c

Autogenes Training

Stress und psychosomatische Krankheiten wachsen in beängstigender Weise an. Eine Hilfe liegt in der Aktivierung der Selbstheilungskräfte durch das Autogene Training. Es ist als Vorbeugung, Psychohygiene und Therapie außerordentlich wirkungsvoll.

Else Müller
Du spürst unter deinen Füßen das Gras
Autogenes Training in Phantasie- und Märchenreisen
Vorlesegeschichten
Band 3325

Karl Robert Rosa
Das ist Autogenes Training
Dr. Rosa, ein Schüler von Prof. Schultz, hat in langjähriger Erfahrung mit dem AT diese Methode konsequent weiterentwickelt. Mit diesem Buch will er dem Leser eine Einführung geben und ihn ermuntern, es selber mit dem Training zu versuchen.
Band 3323

Das ist die Oberstufe des Autogenen Trainings
In diesem Band findet der Trainierende zu sich selbst; er reift zu einer bewußteren Persönlichkeit und damit zu einer bewußteren Lebensform heran.
Band 3324

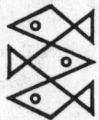

Fischer Taschenbuch Verlag